THE ULTIMATE
ALBANIAN
PHRASE BOOK
1001 ALBANIAN PHRASES FOR BEGINNERS AND BEYOND!

BY ADRIAN GEE

ISBN: 979-8-883057-51-8

Copyright © 2024 by Adrian Gee.

All rights reserved.

No part of this book may be reproduced, stored in a retrieval system, or transmitted in any form or by any means, electronic, mechanical, photocopying, recording, scanning, or otherwise, without the prior written permission of the publisher.

Author's Note

Welcome to "The Ultimate Albanian Phrase Book"! I'm thrilled to lead you into the captivating world of the Albanian language, rich in culture and linguistic beauty. Whether you're enchanted by Albania's majestic mountains, stunning coastlines, or the warmth of its people, this book is crafted to make your language learning journey immersive and rewarding.

Passionate about language and cultural exploration, I've crafted this guide to not only lead you to Albanian fluency but also to connect you deeply with Albanian culture. This book embodies that vision, providing a comprehensive approach to inspire and motivate your language learning journey.

Connect with Me: The journey of learning a language goes beyond memorizing words and grammar; it's about creating meaningful connections and understanding the soul of a culture. I invite you to join me and other language enthusiasts on Instagram: @adriangruszka, where we share insights, experiences, and the joy of discovering new linguistic landscapes.

Sharing is Caring: If this book aids your Albanian mastery, I'd be honored. Please recommend it to others who love languages as much as we do. Share your progress and memorable moments on Instagram and tag me—I can't wait to celebrate your successes!

Embarking on this journey through the Albanian language is like venturing into a realm filled with history, tradition, and an indomitable spirit of resilience and warmth. Embrace the challenges, celebrate your milestones, and enjoy every moment of your adventure in the Albanian language.

Përparim! (Forward!)

- Adrian Gee

CONTENTS

Introduction 1
Greetings and Introductions 9
Eating and Dining 27
Travel and Transportation 43
Accommodations 61
Shopping 75
Emergencies 89
Everyday Conversations 105
Business and Work 119
Events and Entertainment 133
Healthcare and Medical Needs 147
Family and Relationships 161
Technology and Communication 173
Sports and Recreation 187
Transport and Directions 201
Special Occasions 215
Conclusion 227

INTRODUCTION

Mirësevini! (Welcome!)

Whether you're envisioning strolls along the vibrant streets of Tirana, planning to explore the ancient ruins of Butrint, aiming to engage with Albanian speakers, or simply drawn to the Albanian language for its intriguing beauty, this phrase book is crafted to be your indispensable companion.

Starting your Albanian learning journey unveils a world rich in history, cultural diversity, and the resilience of its people. Known locally as Shqip, Albanian offers a unique linguistic experience, rooted in its distinct heritage and renowned hospitality.

Pse Shqip? (Why Albanian?)

Albanian, an ancient language with roots thousands of years old, is unique in the Indo-European family and has a rich cultural heritage. Spoken by 7.5 million people in Albania, Kosovo, and worldwide diasporas, it offers access to the Balkans' rich history and stunning landscapes.

Shqiptimi (Pronunciation)

Before diving into the array of phrases and expressions, it's crucial to get acquainted with the rhythmic cadence of Albanian. This language offers a symphony of sounds, from the softness of its vowels to the sharpness of its consonants, mirroring the diverse landscapes of Albania itself. While mastering its pronunciation may initially seem challenging, perseverance will turn it into an enriching aspect of your language journey.

Albanian pronunciation is characterized by its clear vowel sounds and the presence of unique consonants that give it a melodic flow. Emphasis on certain syllables and the distinct articulation of sounds make it captivating. Perfecting your pronunciation not only aids in effective communication but also deepens your connection to the Albanian culture and its people.

Shqipja Alfabeti (The Albanian Alphabet)

The Albanian alphabet is derived from the Latin script and consists of 36 letters. Each letter has a unique pronunciation that may differ from what English speakers are accustomed to. Unlike English, Albanian pronunciation is highly phonetic, meaning each letter corresponds closely to a specific sound.

Vokalët (Vowels)

A (a): Like the "a" in "father."
E (e): As in "bed."
Ë (ë): Similar to the "a" in "sofa" or the "e" in "the."
I (i): Like the "ee" in "see."
O (o): As in "order."
U (u): Like the "oo" in "food."
Y (y): Not present in Albanian.

Konsonantët (Consonants)

B (b): As in English "bat."
C (c): Like the "ts" in "bits."
Ç (ç): Similar to the "ch" in "church."
D (d): As in "dog."
Dh (dh): Similar to the "th" in "that."
F (f): As in "far."

G (g): Like the "g" in "go."
Gj (gj): Somewhat like the "g" in "gem."
H (h): As in "hat."
J (j): Similar to the "y" in "yes."
K (k): As in "kite."
L (l): Like the "l" in "love."
Ll (ll): Pronounced as a stronger, more aspirated "l."
M (m): As in "mother."
N (n): Like the "n" in "nice."
Nj (nj): Similar to the "ni" in "onion."
P (p): As in "pen."
Q (q): Like the "c" in "cute" but more aspirated.
R (r): A rolled "r" similar to Spanish or Italian.
Rr (rr): A strongly trilled "r."
S (s): As in "snake."
Sh (sh): Like the "sh" in "shoe."
T (t): As in "top."
Th (th): Similar to the "t" in "stop."
V (v): Like the "v" in "victory."
X (x): Like the "dz" in "adze."
Xh (xh): Similar to the "j" in "jeep."
Z (z): As in "zebra."
Zh (zh): Similar to the "s" in "measure."

Note that the Albanian alphabet includes several digraphs (pairs of letters representing a single sound), such as "dh," "gj," "ll," "nj," "rr," "sh," "th," "xh," and "zh," which are crucial for accurate pronunciation. The pronunciation of these letters is consistent across different words, making Albanian relatively straightforward to learn phonetically.

Albanian Intonation and Stress Patterns

Albanian's rhythmic flow and specific stress patterns, usually on the last or penultimate syllable, are crucial for clear communication. Its intonation, conveying emotions and intentions, is key to language mastery. Learning these patterns enhances pronunciation and mutual understanding.

Common Pronunciation Challenges

Challenging Vowel Combinations

Albanian's unique vowels, including the nasal ë, and the precise pronunciation of sounds like 'ç' and 'gj', are key for clear speech and understanding, challenging for English speakers.

Tips for Practicing Pronunciation

1. **Dëgjoni me Kujdes (Listen Carefully):** Immersing yourself in Albanian through music, podcasts, and movies is an excellent way to familiarize yourself with the language's intonation and rhythm.

2. **Përsëritni Pas një Personi Vendas (Repeat After a Native Speaker):** Engaging with native speakers, whether face-to-face or through language exchange platforms, can be incredibly beneficial for accurate pronunciation.

3. **Përdorni një Pasqyrë (Use a Mirror):** Watching how your mouth and lips move when speaking Albanian can help in producing the unique sounds correctly.

4. **Praktikoni Rregullisht (Practice Regularly):** Consistent practice, even for short periods daily, can lead to significant improvements.

5. **Mos Keni Frike nga Gabimet (Don't Fear Mistakes):** Embrace errors as part of the learning journey; they are crucial for progress and understanding.

Mastering Albanian pronunciation involves getting accustomed to its vowel contrasts, consonantal digraphs, and specific nasal sounds. Commitment to these aspects will unlock the true essence of the Albanian language, allowing for deeper connections with its speakers and culture. From the soft lilt of 'ë' to the vibrant roll of 'r', each nuance embodies the spirit of Albania's rich history and diverse landscapes. With dedicated practice and a keen ear for Albanian's melodic intonations, your communication will not only convey messages but also reflect the country's storied heritage.

What You'll Find Inside

- **Fjali të Rëndësishme (Essential Phrases):** A compilation of crucial phrases and expressions for various situations you might encounter in Albanian-speaking environments.

- **Ushtrime Interaktive (Interactive Exercises):** Engaging exercises designed to improve your language skills and promote the practical use of Albanian.

- **Kuptim Kulturor (Cultural Insights):** Discover the vibrant culture of Albanian-speaking regions, from traditional customs to historical sites.

- **Burime Shtesë (Additional Resources):** Recommendations for furthering your Albanian language skills, including websites, book suggestions, and travel tips.

How to Use This Phrase Book

This phrase book is designed for those embarking on the fascinating journey of learning Albanian, catering to both beginners and intermediate learners seeking to broaden their linguistic horizons. Begin with essential phrases that will guide you through everyday conversations, from simple greetings to navigating social situations with ease. As you gain confidence, explore more complex structures and expressions that draw you closer to the fluency of a native speaker.

Within these pages, you'll find not only linguistic tools but also cultural insights that connect you deeply with Albania's rich heritage and vibrant life today. Interactive exercises are integrated to reinforce your learning, making the application of new vocabulary and grammar seamless in your dialogues.

Learning a language is more than memorization; it's an immersive experience that fosters meaningful connections. Dive into Albanian by engaging with authentic texts, participating in cultural practices, and understanding the customs that define this unique society.

Each learner's journey is unique, filled with personal achievements and challenges. Approach your study with patience, enthusiasm, and an openness to discovery. With dedication, your communication skills in Albanian will not just improve—they will flourish.

Gati për të filluar? (Ready to start?)

Embark on a comprehensive exploration of the Albanian language and culture. Decode its linguistic intricacies and embrace the cultural richness Albania has to offer. This journey is not only educational but transformative, expanding your worldview and deepening international friendships.

GREETINGS & INTRODUCTIONS

- BASIC GREETINGS -
- INTRODUCING YOURSELF AND OTHERS -
- EXPRESSING POLITENESS AND FORMALITY -

Basic Greetings

1. Hi!
   Përshëndetje!
   (Purr-shen-det-ye!)

2. Hello!
   Tungjatjeta!
   (Toon-jat-yeta!)

   > **Idiomatic Expression:** "Të hedhësh sytë."
   > Meaning: "To take a quick look."
   > (Literal Translation: "To throw your eyes.")

3. Good morning!
   Mirëmëngjes!
   (Mee-rë-meng-jes!)

   > **Cultural Insight:** Besa is a foundational concept in Albanian culture representing trust, honor, and a promise that cannot be broken. It underscores the importance of one's word and the depth of personal integrity in Albanian society.

4. Good afternoon!
   Mirëdita!
   (Mee-re-dee-ta!)

5. Good evening!
   Mirëmbrëma!
   (Mee-rëm-bre-ma!)

6. How are you?
   Si jeni? (formal) / Si je? (informal)
   (See yeh-nee? / See yeh?)

   > **Cultural Insight:** Coffee is a staple of social life, with the country known for its leisurely coffee breaks and vibrant café scene, particularly in cities like Tirana and Korçë.

7. Everything good?
   Gjithçka mirë?
   (Gjith-chka mee-rë?)

8. How is it going?
   Si po shkon?
   (See po shkon?)

9. How is everything?
   Si është gjithçka?
   (See eshtë gjith-chka?)

10. I'm good, thank you.
    Jam mirë, faleminderit.
    (Yam mee-rë, fah-leh-meen-deh-rit.)

11. And you?
    Edhe ti? (informal) / Edhe ju? (formal)
    (Eh-dhe tee? / Eh-dhe yoo?)

12. Let me introduce...
    Le të prezantoj...
    (Leh te prez-an-toy...)

13. This is...
    Ky është... (for males) / Kjo është... (for females)
    (Chee eshtë... / Cho eshtë...)

14. Nice to meet you!
   Gëzohem që ju takoj!
   (Geh-zoh-em chuh yoo tah-koy!)

15. Delighted!
   I lumtur!
   (Ee loom-toor!)

16. How have you been?
   Si keni qenë?
   (See keh-nee chuh-neh?)

Politeness and Formality

17. Excuse me.
   Më falni.
   (Meh fahl-nee.)

18. Please.
   Ju lutem.
   (Yoo loo-tem.)

19. Thank you.
   Faleminderit.
   (Fah-leh-meen-deh-rit.)

> **Fun Fact:** Albania is known as "Shqipëria" by its inhabitants, which means "Land of the Eagles."

20. Thank you very much!
   Shumë faleminderit!
   (Shoo-meh fah-leh-meen-deh-rit!)

21. I'm sorry.
    Më fal.
    (Meh fahl.)

22. I apologize.
    Kërkoj falje.
    (Kerr-koy fahl-yeh.)

23. Sir
    Zoti
    (Zoh-tee)

24. Madam
    Zonja
    (Zohn-ya)

25. Miss
    Zonjushë
    (Zohn-yoo-shuh)

26. Your name, please?
    Emri juaj, ju lutem?
    (Em-ree yoo-eye, yoo loo-tem?)

27. Can I help you with anything?
    A mund t'ju ndihmoj me diçka?
    (Ah moond tuh-yoo ndeeh-moy meh dee-chka?)

28. I am thankful for your help.
    Jam mirënjohës për ndihmën tuaj.
    (Yam meer-nyoh-ës pur ndeehm-uhn too-eye.)

29. The pleasure is mine.
    Kënaqësia është e imja.
    (Kuh-nah-chuh-see-uh esht-uh eh eem-ya.)

30. Thank you for your hospitality.
    Faleminderit për mikpritjen tuaj.
    (Fah-leh-meen-deh-rit pur meek-pree-tyen too-eye.)

31. It's nice to see you again.
    Është kënaqësi të të shoh përsëri.
    (Esht kuh-nah-che-see teh teh shoh pur-suh-ree.)

Greetings for Different Times of Day

32. Good morning, my friend!
    Mirëmëngjes, mik i imi!
    (Mee-reh-mung-jes, meek ee ee-mee!)

33. Good afternoon, colleague!
    Mirëdita, koleg!
    (Mee-reh-dee-tah, koh-leg!)

34. Good evening neighbor!
    Mirëmbrëma, fqinj!
    (Mee-rehm-bruh-mah, fcheenj!)

35. Have a good night!
    Natë e mirë!
    (Nah-teh eh mee-reh!)

36. Sleep well!
    Flini mirë!
    (Flee-nee mee-reh!)

Special Occasions

37. Happy birthday!
Gëzuar ditëlindjen!
(Geh-zoo-ar dee-tuh-lind-yen!)

38. Merry Christmas!
Gëzuar Krishtlindjet!
(Geh-zoo-ar Krisht-lind-yet!)

39. Happy Easter!
Gëzuar Pashkët!
(Geh-zoo-ar Pahsh-ket!)

> **Travel Story:** In the bustling streets of Tirana, a local advised, "Kur te vjen ne shtepi, bëhu si të tjerët," which means "When you come to someone's house, do as they do." It was a lesson in respecting and embracing local customs.

40. Happy holidays!
Gëzuar festat!
(Geh-zoo-ar fes-tat!)

41. Happy New Year!
Gëzuar Vitin e Ri!
(Geh-zoo-ar Vee-teen eh Ree!)

> **Idiomatic Expression:** "Si thëngjilli në ujë."
> Meaning: "Very comfortable or in one's element."
> (Literal Translation: "Like a fish in water.")

Meeting Someone for the First Time

42. Pleasure to meet you.
    Kënaqësi të ju njoh.
    (Kuh-nah-che-see teh yoo noh.)

    > **Language Learning Tip:** Practice Daily - Consistency is key. Even a few minutes each day can make a big difference over time.

43. I am [Your Name].
    Unë jam [Emri Yt].
    (Oo-neh yam [Em-ree Yt].)

44. Where are you from?
    Nga ku jeni?
    (Nga koo yeh-nee?)

    > **Language Learning Tip:** Use Flashcards - Create or use online flashcards for vocabulary. Revisit them regularly to reinforce memory.

45. I'm on vacation.
    Jam në pushime.
    (Yam neh poo-shee-meh.)

46. What is your profession?
    Cila është profesioni juaj?
    (Cee-lah esh-tuh pro-fe-see-oh-nee yoo-eye?)

47. How long will you stay here?
   Sa kohë do të qëndroni këtu?
   (Sah koh doh teh chuhn-droh-nee chuh-too?)

Responding to Greetings

48. Hello, how have you been?
   Përshëndetje, si keni qenë?
   (Puh-rshuhn-det-yeh, see keh-nee qeh-neh?)

   > **Cultural Insight:** Traditional Albanian clothing, such as the fustanella (worn by men) and xhubleta (worn by women), showcases the country's folk heritage, especially during national festivals and weddings.

49. I've been very busy lately.
   Kam qenë shumë i zënë së fundmi.
   (Kahm cheh-neh shoo-meh ee zeh-neh suh foon-dmee.)

50. I've had ups and downs.
   Kam pasur ngritje dhe ulje.
   (Kahm pah-soor n-gree-tsyeh dhe oo-lyeh.)

   > **Idiomatic Expression:** "Të jesh si buka me vaj."
   > Meaning: "To be in a very good relationship with someone."
   > (Literal Translation: "To be like bread with oil.")

51. Thanks for asking.
   Faleminderit që pyetët.
   (Fah-leh-meen-deh-rit cheh pyeh-teht.)

52. I feel great.
    Ndihem shumë mirë.
    (Ndee-hem shoo-muh mee-rë.)

53. Life has been good.
    Jeta ka qenë e mirë.
    (Ye-ta ka chuh-nuh eh mee-rë.)

54. I can't complain.
    Nuk kam për çfarë të ankohem.
    (Nook kam pur ch-far-uh tuh ahn-koh-hem.)

55. And you, how are you?
    Dhe ti, si je?
    (Dhe tee, see yeh?)

> **Language Learning Tip:** Listen to Albanian Music - Music can help you get accustomed to the rhythm and sounds of the language.

56. I've had some challenges.
    Kam pasur disa sfida.
    (Kam pah-soor dee-sah sfee-dah.)

57. Life is a journey.
    Jeta është një udhëtim.
    (Ye-ta esh-tuh nyuh oodh-eh-teem.)

58. Thank God, I'm fine.
    Falënderoj Zotin, jam mirë.
    (Fah-luhn-deh-roj Zo-teen, yahm mee-rë.)

Informal Greetings

59. What's up?
 Çfarë ka ndodhur?
 (Ch-fah-rë ka ndoh-door?)

60. All good?
 Gjithçka në rregull?
 (Gjeeth-choo-kah nuh rreh-gool?)

61. Hi, everything okay?
 Përshëndetje, gjithçka mirë?
 (Pur-shuhn-det-yeh, gjeeth-choo-kah mee-rë?)

62. I'm good, and you?
 Jam mirë, edhe ti?
 (Yahm mee-rë, eh-dhe tee?)

63. How's life?
 Si është jeta?
 (See esh-tuh ye-ta?)

64. Cool!
 Fiks!
 (Feeks!)

Saying Goodbye

65. Goodbye!
 Mirupafshim!
 (Mee-roo-pahf-sheem!)

66. See you later!
   Shihemi më vonë!
   (Shee-heh-mee meh vo-ne!)

> **Language Learning Tip:** Watch Albanian Movies - With subtitles initially, then challenge yourself to watch without them as you progress.

67. Bye!
   Mirupafshim!
   (Mee-roo-pahf-sheem!)

68. Have a good day.
   Kalo një ditë të mirë.
   (Kah-loh nyuh dee-teh tuh mee-reh.)

> **Language Learning Tip:** Label Your Environment - Label items around your home in Albanian to learn vocabulary in a contextual manner.

69. Have a good weekend.
   Kalo një fundjavë të mirë.
   (Kah-loh nyuh foon-jah-vuh tuh mee-reh.)

70. Take care.
   Kujdesu mirë.
   (Koo-ydeh-soo mee-reh.)

71. Bye, see you later.
   Mirupafshim, shihemi më vonë.
   (Mee-roo-pahf-sheem, shee-heh-mee meh vo-ne.)

72. I need to go now.
   Duhet të shkoj tani.
   (Doo-het tuh shkoy tah-nee.)

73. Take care my friend!
Kujdesu mirë, mik im!
(Koo-ydeh-soo mee-reh, meek eem!)

Parting Words

74. Hope to see you soon.
Shpresoj të të shoh së shpejti.
(Shpreh-soy tuh tuh shoh suh shpey-tee.)

75. Stay in touch.
Mbaj kontakt.
(M-bahy kon-takt.)

76. I'll miss you.
Do të më mungosh.
(Doh tuh muh moon-gosh.)

77. Be well.
Qëndro mirë.
(Chen-droh mee-reh.)

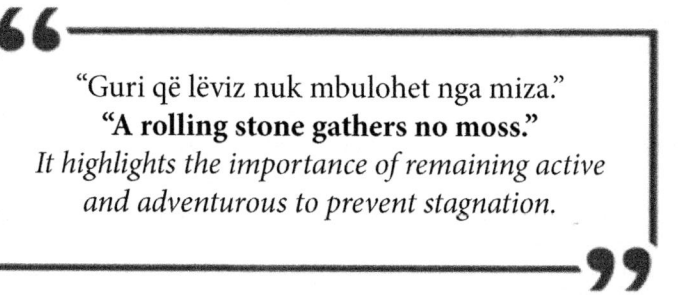

> "Guri që lëviz nuk mbulohet nga miza."
> **"A rolling stone gathers no moss."**
> *It highlights the importance of remaining active and adventurous to prevent stagnation.*

Interactive Challenge: Greetings Quiz

1. How do you say "good morning" in Albanian?

    a) Mirëmëngjes!
    b) Natën e mirë!
    c) Si je?

2. What does the Albanian phrase "Gëzuar për të takuar" mean in English?

    a) Excuse me!
    b) Pleased to meet you!
    c) What's your name?

3. When is it appropriate to use the phrase "Mirëmbrëma!" in Albanian?

    a) In the morning
    b) In the afternoon
    c) In the evening

4. Which phrase is used to ask someone how they are doing in Albanian?

    a) Faleminderit
    b) Si je?
    c) Ku je?

5. In Albania, when can you use the greeting "Përshëndetje!"?

    a) Only in the morning
    b) Only in the afternoon
    c) Anytime

6. What is the Albanian equivalent of "And you?"?

   a) Dhe ti?
   b) Faleminderit
   c) Çfarë ndodh?

7. When expressing gratitude in Albanian, what do you say?

   a) Më fal
   b) Gëzuar për të takuar
   c) Faleminderit

8. How do you say "Excuse me" in Albanian?

   a) Më falni
   b) Mirëdita!
   c) Gjithçka është në rregull?

9. Which phrase is used to inquire about someone's well-being?

   a) Ku jeton?
   b) Si je?
   c) Faleminderit

10. In a typical Albanian conversation, when is it common to ask about someone's background and interests during a first-time meeting?

    a) Never
    b) Only in formal situations
    c) Always

11. In Albanian, what does "Gëzuar që u takuam" mean?

    a) Delighted to meet you
    b) Excuse me
    c) Thank you

12. When should you use the phrase "Si je?"?

    a) When ordering food
    b) When asking for directions
    c) When inquiring about someone's well-being

13. Which phrase is used to make requests politely?

    a) Si je?
    b) Çfarë dëshiron?
    c) Ju lutem

14. What is the equivalent of "I'm sorry" in Albanian?

    a) Më vjen keq
    b) Si je?
    c) Gjithçka është mirë?

Correct Answers:

1. a)
2. b)
3. c)
4. b)
5. c)
6. a)
7. c)
8. a)
9. b)
10. c)
11. a)
12. c)
13. c)
14. a)

EATING & DINING

- ORDERING FOOD AND DRINKS IN A RESTAURANT -
- DIETARY PREFERENCES AND RESTRICTIONS -
- COMPLIMENTS AND COMPLAINTS ABOUT FOOD -

Basic Ordering

78. I'd like a table for two, please.
    Do të doja një tavolinë për dy, ju lutem.
    (Doh tuh doh-yah nyuh tah-voh-lee-nuh pur dye, yoo loo-tehm.)

79. What's the special of the day?
    Cila është oferta e ditës?
    (Cee-lah eshtuh oh-fehr-tah eh dee-tes?)

> **Cultural Insight:** Albania is known for its religious tolerance, with Muslims, Orthodox Christians, and Catholics living side by side in harmony, a rarity in the region and a testament to the country's inclusive culture.

80. Can I see the menu, please?
    A mund të shikoj menunë, ju lutem?
    (Ah moon-duh tuh shee-koy meh-noo-neh, yoo loo-tehm?)

81. I'll have the steak, medium rare.
    Do të marr biftek, mesatarisht të pjekur.
    (Doh tuh mahr biff-tek, meh-sah-tah-reesht tuh pyeh-koor.)

82. Can I get a glass of water?
    A mund të marr një gotë ujë, ju lutem?
    (Ah moon-duh tuh mahr nyuh goh-tuh oo-yuh, yoo loo-tehm?)

> **Travel Story:** At a Latvian traditional costume exhibition, a historian explained the significance of colors and patterns with, "Tērpi stāsta tautas stāstu," translating to "Costumes tell the nation's story."

83. Can you bring us some bread to start?
    A mund të na sjellni pak bukë për të nisur, ju lutem?
    (Ah moon-duh tuh nah syell-nee pahk boo-kuh pur tuh nee-soor, yoo loo-tehm?)

84. Do you have a vegetarian option?
    A keni një opsion vegetarian?
    (Ah keh-nee nyuh op-see-on veh-jeh-tah-ree-ahn?)

> **Language Learning Tip:** Keep a Vocabulary Notebook - Write down new words and phrases you learn, along with examples of their use.

85. Is there a kids' menu available?
    A ka një menu për fëmijë në dispozicion?
    (Ah kah nyuh meh-noo pur feh-mee-yuh nuh dee-spoh-zee-tsee-on?)

86. We'd like to order appetizers to share.
    Do të donim të porosisim antipasta për të ndarë.
    (Doh tuh doh-neem tuh poh-roh-see-seem ahn-tee-pah-stah pur tuh ndah-reh.)

87. Can we have separate checks, please?
    A mund të kemi fatura të ndara, ju lutem?
    (Ah moon-duh tuh keh-mee fah-too-rah tuh ndah-rah, yoo loo-tehm?)

88. Could you recommend a vegetarian dish?
    A mund të rekomandoni një pjatë vegetariane?
    (Ah moon-duh tuh reh-koh-mahn-doh-nee nyuh pyah-tuh veh-jeh-tah-ree-ah-neh?)

89. I'd like to try the local cuisine.
    Do të doja të provoja kuzhinën lokale.
    (Doh tuh doh-yah tuh proh-voy-ah koo-zhee-nuhn loh-kah-leh.)

90. May I have a refill on my drink, please?
    A mund të marr një mbushje të pijeve, ju lutem?
    (Ah moon-duh tuh mahr nyuh moo-shyeh tuh pee-yeh-veh, yoo loo-tehm?)

91. What's the chef's special today?
    Cila është specialja e shefit sot?
    (Cee-lah esht special-ya eh shef-eet sot?)

92. Can you make it extra spicy?
    A mund ta bëni atë shumë pikant?
    (Ah moon tah beh-nee ah-tuh shoo-muh pee-kant?)

93. I'll have the chef's tasting menu.
    Do të zgjedh menu degustimi të shefit.
    (Doh tuh zg-yedh meh-noo deh-goo-stee-mee teh shef-eet.)

Special Requests

94. I'm allergic to nuts. Is this dish nut-free?
    Jam alergjik ndaj arrave. A është ky gatim pa arra?
    (Yum ah-ler-jik ndai ah-rah-veh. Ah esht ky gah-teem pah ah-rah?)

95. I'm on a gluten-free diet. What can I have?
    Unë ndjek një dietë pa gluten. Çfarë mund të ha?
    (Oo-neh nd-yek nyuh dee-eh-tuh pah gloo-ten. Ch-fah-reh moon-duh tuh hah?)

96. Can you make it less spicy, please?
 A mund ta bëni atë më pak pikant, ju lutem?
 (Ah moon tah beh-nee ah-tuh muh pahk pee-kant, yoo loo-tehm?)

> **Idiomatic Expression:** "Të bësh një sy qorr."
> Meaning: "To turn a blind eye."
> (Literal translation: "To make one eye blind.")

97. Can you recommend a local specialty?
 A mund të rekomandoni një specialitet lokal?
 (Ah moon-duh tuh reh-koh-mahn-doh-nee nyuh speh-tsyah-lee-teht loh-kahl?)

98. Could I have my salad without onions?
 A mund të marr sallatën pa qepë, ju lutem?
 (Ah moon-duh tuh mahr sah-lla-tuhn pah cheh-puh, yoo loo-tehm?)

99. Are there any daily specials?
 Ah moon-duh tuh mahr sah-lla-tuhn pah cheh-puh, yoo loo-tehm?
 (Ah kah ndohn-yuh oh-fehr-tuh dee-toh-reh?)

> **Fun Fact:** The Albanian language is one of the oldest languages in Europe.

> "Njeriu është arkitekti i fatit të vet."
> **"Man is the architect of his own fate."**
> *This quote highlights self-determination, showing individuals can control their destinies.*

100. Can I get a side of extra sauce?
A mund të marr një sasi shtesë të salcës?
(Ah moon-duh tuh mahr nyuh sah-see shteh-suh tuh sahl-chehs?)

101. I'd like a glass of red/white wine, please.
Do të doja një gotë verë të kuqe/të bardhë, ju lutem.
(Doh tuh doh-yah nyuh goh-tuh veh-ruh tuh koo-cheh/tuh bardh, yoo loo-tehm.)

102. Could you bring the bill, please?
A mund të më sjellësh faturën, ju lutem?
(Ah moon-duh tuh muh s-yell-esh fah-too-rn, yoo loo-tehm?)

Allergies and Intolerances

103. I have a dairy allergy. Is the sauce dairy-free?
Kam alergji ndaj produkteve të qumështit. A është salsa pa produkte qumështi?
(Kahm ah-ler-gjee ndai proh-dook-teh-veh tuh choo-mesht-it. Ah esht sahl-sah pah proh-dook-teh choo-meshtee?)

104. Does this contain any seafood? I have an allergy.
A përmban kjo ndonjë frut deti? Kam një alergji.
(Ah purm-bahn kyo ndohn-yuh froot deh-tee? Kahm nyuh ah-ler-gjee.)

105. I can't eat anything with soy. Is that an issue?
Nuk mund të ha asgjë me sojë. A është një problem?
(Nook moon-duh tuh hah ash-gyuh meh soh-yuh. Ah esht nyuh proh-blem?)

106. I'm lactose intolerant, so no dairy, please.
Jam intolerant ndaj laktozës, prandaj ju lutem pa produkte qumështi.
(Yum in-toh-leh-rant ndai lahk-toh-zuh, prahn-dai yoo loo-tehm pah proh-dook-teh choo-meshtee.)

107. Is there an option for those with nut allergies?
A ka një opsion për ata me alergji ndaj arrave?
(Ah kah nyuh op-syon pur ah-tah meh ah-ler-gjee ndai ah-rah-veh?)

108. I'm following a vegan diet. Is that possible?
Po ndjek një dietë vegane. A është e mundur?
(Poh nd-yehk nyuh dee-eh-tuh veh-gah-neh. Ah esht eh moon-door?)

> **Fun Fact:** There are over 7.5 million Albanian speakers worldwide.

109. Is this dish suitable for someone with allergies?
A është ky gatim i përshtatshëm për dikë me alergji?
(Ah esht ky gah-teem ee pur-sh-taht-shehm pur dee-kuh meh ah-ler-gjee?)

110. I'm trying to avoid dairy. Any dairy-free options?
Po përpiqem të shmang produktet e qumështit. A ka opsione pa qumësht?
(Poh pur-pee-kem tuh shmahng proh-dook-teht eh choo-meshtit. Ah kah op-syo-neh pah choo-mesht?)

111. I have a shellfish allergy. Is it safe to order seafood?
Kam alergji ndaj karkalecave. A është e sigurt të porosisë detare?
(Kahm ah-ler-gjee ndai kar-ka-leh-cha-veh. Ah esht eh see-goo-rt tuh po-ro-see-seh deh-tah-reh?)

112. Can you make this gluten-free?
 A mund ta bëni këtë pa gluten?
 (A mund ta bëni këtë pa gluten?)

> **Language Learning Tip:** Speak Out Loud - Practice speaking out loud, not just in your head, to improve pronunciation and fluency.

Specific Dietary Requests

113. I prefer my food without cilantro.
 Preferoj ushqimin tim pa koriandër.
 (Pre-fe-roj ush-qi-min tim pa ko-ri-an-dër.)

114. Could I have the dressing on the side?
 A mund ta kem salcën në anë?
 (A mund ta kem sal-cën në a-në?)

115. Can you make it vegan-friendly?
 A mund ta bëni atë të përshtatshme për veganë?
 (A mund ta bëni a-të të përshtat-shme për ve-ganë?)

116. I'd like extra vegetables with my main course.
 Do të doja perime shtesë me pjatën kryesore.
 (Do të do-ja pe-ri-me shtesë me pja-tën krye-sore.)

117. Is this suitable for someone on a keto diet?
 A është kjo e përshtatshme për dikë që ndjek një dietë keto?
 (A është kjo e përshtat-shme për di-kë që ndjek një di-etë ke-to?)

118. I prefer my food with less oil, please.
Preferoj ushqimin tim me më pak vaj, ju lutem.
(Pre-fe-roj ush-qi-min tim me më pak vaj, ju lu-tem.)

119. Is this dish suitable for vegetarians?
A është ky pjatë i përshtatshëm për vegetarianë?
(A është ky pja-të i përshtat-shëm për ve-ge-ta-rianë?)

120. I'm on a low-carb diet. What would you recommend?
Jam në një dietë me pak karbohidrate. Çfarë do të rekomandonit?
(Jam në një di-etë me pak kar-bo-hi-dra-te. Çfarë do të re-ko-man-do-nit?)

> **Fun Fact:** Albanian has its own branch within the Indo-European family of languages, standing apart from other languages.

121. Is the bread here gluten-free?
A është buka këtu pa gluten?
(A është bu-ka kë-tu pa glu-ten?)

122. I'm watching my sugar intake. Any sugar-free desserts?
Po kujdesem për sasinë e sheqerit që konsumoj. A ka ëmbëlsira pa sheqer?
(Po ku-jde-sem për sa-si-në e she-qe-rit që kon-su-moj. A ka ëm-bël-si-ra pa she-qer?)

> **Travel Story:** At the ancient ruins of Butrint, a guide remarked, "Historia është mësuesja e jetës," translating to "History is life's teacher," as he shared tales of civilizations past.

Compliments

123. This meal is delicious!
Ky vakt është i shijshëm!
(Kee vahkt esh-tuh ee shee-shehm!)

> **Fun Fact:** Albania was the first country in the world to declare itself an atheist state in 1967.

124. The flavors in this dish are amazing.
Shijet në këtë pjatë janë të mahnitshme.
(Shee-yet neh keh-teh pya-teh yah-neh teh mah-nee-tshmeh.)

125. I love the presentation of the food.
Më pëlqen prezantimi i ushqimit.
(Meh pel-chen preh-zahn-tee-mee ee oosh-qee-meet.)

126. This dessert is outstanding!
Ky ëmbëlsirë është e jashtëzakonshme!
(Kee um-bel-see-reh esh-tuh eh yah-shteh-zah-kon-shmeh!)

127. The service here is exceptional.
Shërbimi këtu është i jashtëzakonshëm.
(Sher-bee-mee keh-too esh-tuh ee yah-shteh-zah-kon-shehm.)

> **Language Learning Tip:** Seek Feedback - Regularly ask for feedback from native speakers or teachers.

128. The chef deserves praise for this dish.
Shefi meriton lavdërim për këtë pjatë.
(Sheh-fee meh-ree-ton lah-vdeh-reem pehr keh-teh pya-teh.)

129. I'm impressed by the quality of the ingredients.
Jam i impresionuar nga cilësia e përbërësve.
(Yum ee im-preh-see-on-oo-ahr ngah cee-leh-see-ah eh per-ber-sveh.)

130. The atmosphere in this restaurant is wonderful.
Atmosfera në këtë restorant është e mrekullueshme.
(At-mos-feh-rah neh keh-teh reh-stoh-rahn esh-tuh eh mreh-kool-loo-esh-meh.)

131. Everything we ordered was perfect.
Çdo gjë që porositem ishte perfekte.
(Ch-doh yeh cheh po-ro-see-tem ish-teh per-fek-teh.)

Complaints

132. The food is cold. Can you reheat it?
Ushqimi është ftohtë. Mund ta ngrohni?
(Oosh-qee-mee esh-tuh ftoh-tuh. Moon-d tah n-groh-nee?)

> **Fun Fact:** Mother Teresa, though born in Skopje (now the capital of North Macedonia), was of Albanian ethnicity.

133. This dish is too spicy for me.
Kjo pjatë është shumë e pikante për mua.
(Kyo pya-teh esh-tuh shoo-meh eh pee-kan-teh pehr moo-ah.)

134. The portion size is quite small.
Madhësia e porcionit është mjaft e vogël.
(Mah-the-see-ah eh por-cho-nee-t esh-tuh myahft eh vo-gel.)

135. There's a hair in my food.
Ka një flokë në ushqimin tim.
(Kah nyuh floh-kuh nuh oosh-kee-meen teem.)

136. I'm not satisfied with the service.
Nuk jam i kënaqur me shërbimin.
(Nook yahm ee kuh-nah-koor meh shuh-rbee-meen.)

137. The soup is lukewarm.
Supa është vakël.
(Soo-pah esh-tuh vah-kull.)

138. The sauce on this dish is too salty.
Salca në këtë pjatë është shumë e kripur.
(Sahl-tsah nuh kuh-tuh pyah-tuh esh-tuh shoo-muh eh kree-poor.)

> **Idiomatic Expression:** "Të flasësh me gurë në gojë."
> Meaning: "To speak bluntly or harshly."
> (Literal translation: "To speak with stones in your mouth.")

139. The dessert was a bit disappointing.
Ëmbëlsira ishte pak zhgënjyese.
(Embuhl-see-rah ish-tuh pahk zhguh-nyeh-seh.)

140. I ordered this dish, but you brought me something else.
Porosita këtë gatim, por më solle diçka tjetër.
(Poh-roh-see-tah kuh-tuh gah-teem, pohr muh sohl-luh dee-chka tyeh-tuhr.)

141. The food took a long time to arrive.
Ushqimi mori shumë kohë për të arritur.
(Oosh-kee-mee moh-ree shoo-muh koh-uh pur tuh ah-ree-toor.)

Specific Dish Feedback

142. The steak is overcooked.
 Bifteku është tepër i pjekur.
 (Bif-teh-koo esh-tuh teh-puhr ee pyeh-koor.)

 Fun Fact: The Albanian alphabet has 36 letters, ensuring that each phoneme of the language has its own letter.

143. This pasta is undercooked.
 Kjo pasta është e papjekur.
 (Kyo pah-stah esh-tuh eh pah-pyeh-koor.)

144. The fish tastes off. Is it fresh?
 Peshku ka shije të çuditshme. A është i freskët?
 (Pehsh-koo kah shee-yeh tuh chuh-deet-shmeh. Ah esh-tuh ee fres-kuht?)

145. The salad dressing is too sweet.
 Sallata është shumë e ëmbël.
 (Sah-lah-tah esh-tuh shoo-muh eh emb-uhl.)

146. The rice is underseasoned.
 Orizi është i pazeritur.
 (Oh-ree-zee esh-tuh ee pah-zeh-ree-toor.)

 Language Learning Tip: Embrace Mistakes - Mistakes are a natural part of the learning process. Learn from them and move on.

147. The dessert lacks flavor.
 Ëmbëlsira mungon shije.
 (Embuhl-see-rah moon-gon shee-yeh.)

148. The vegetables are overcooked.
 Perimet janë të tepruara.
 (Peh-ree-met yah-neh tuh teh-proo-ah-rah.)

149. The pizza crust is burnt.
 Kora e picës është djegur.
 (Koh-rah eh pee-chës esh-tuh dyeh-goor.)

> **Travel Story:** On a ferry crossing Lake Koman, a fellow traveler observed, "Ujërat janë pasqyra e qiellit," which means "The waters are the mirror of the sky," describing the stunning reflections on the lake.

150. The burger is dry.
 Burgeri është i thatë.
 (Boor-guh-ree esh-tuh ee thah-tuh.)

151. The fries are too greasy.
 Patatet janë shumë të yndyrshme.
 (Pah-tah-tet yah-neh shoo-meh tuh yuhn-dursh-meh.)

152. The soup is too watery.
 Supa është shumë e lëngshme.
 (Soo-pah esh-tuh shoo-meh eh luhng-shmeh.)

> "Hapi i parë është gjysma e rrugës."
> **"The first step is half the journey."**
> *This quote stresses the significance of starting, implying the first step towards a goal is crucial.*

Word Search Puzzle: Eating & Dining

RESTAURANT
RESTORANT
MENU
MENY
APPETIZER
ANTIPASTO
VEGETARIAN
VEGETARIAN
ALLERGY
ALERGJI
VEGAN
VEGAN
SPECIAL
SPECIAL
DESSERT
ËMBËLSIRË
SERVICE
SHERBIM
CHEF
SHEF GATIMI
INGREDIENTS
PËRBËRËS
ATMOSPHERE
ATMOSFERË
PERFECT
PERFEKT

```
V T R I K R F Z J L L R A S A
N R E R S Z E N P K C G L H S
K Q Z Y N E M Z K A B S E E Ë
S G O D R L R A I W Q W R R R
N T F X C U A V P T Y B G B Ë
N A G E V R K I I L E R J I B
J H Q I A E W Q C C D P I M R
A T M O S P H E R E E O P E Ë
S T K E F R E P E R P T I A P
M T E R C E E S S G M S F S G
B I N Z D R J N T Q M A U A E
Z P C E F U E I O U M P E T P
M P J E I W Q S R C S I C M K
M P C N G D F A A W B T B O Q
X T W G C I E H N O T N C S B
G Z O H G O G R T N F A I F A
Z T E I M I T A G F E H S E T
R F C A T M O V H N T I U R X
H E I D E S W E D P I V E Ë E
X Q S N A K Q D G V V S U F L
D D U T X D P S R N S D K Y Z
P L H Y A Z R A A E K B H K O
R S Y H L U C I D K D M F J F
V E G E T A R I A N H B L F Q
I A V R J A L A P N G E A T N
R A S X T V C L N K J K I B H
T V F E E K X M E T F U C U X
F H G G E O W U M R D C E D Y
C E A X Q W N L G C G G P Q O
V N Ë M B Ë L S I R Ë Y S O Y
```

Correct Answers:

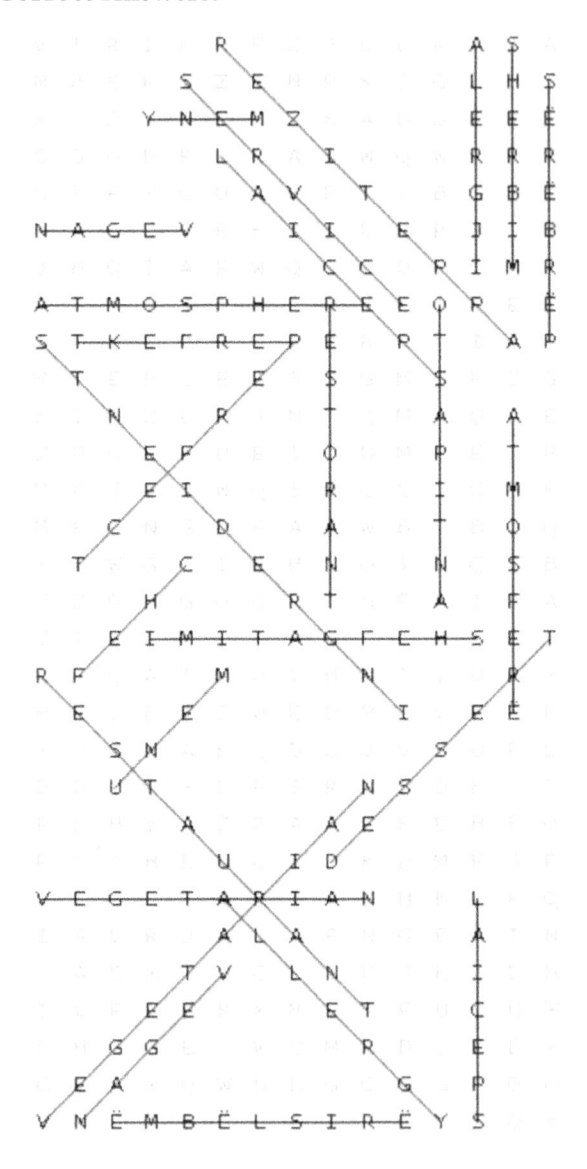

TRAVEL & TRANSPORTATION

- ASKING FOR DIRECTIONS -
- BUYING TICKETS FOR TRANSPORTATION -
- INQUIRING ABOUT TRAVEL-RELATED INFORMATION -

Directions

153. How do I get to the nearest bus stop?
Si mund të shkoj te stacioni më i afërt i autobusit?
(See moon-duh tuh shkoy teh stah-tsee-oh-nee muh ee ah-fuhrt ee ow-toh-boo-seet?)

> **Fun Fact:** Albania didn't participate in either of the World Wars until the very end.

154. Can you show me the way to the train station?
A mund të më tregoni rrugën për në stacionin e trenit?
(Ah moon-duh tuh muh treh-goh-nee rrroo-guhn pur nuh stah-tsee-oh-neen eh treh-nee?)

155. Is there a map of the city center?
A ka një hartë e qendrës së qytetit?
(Ah kah nyuh hah-rtuh eh chen-drus suh chee-teh-teet?)

156. Which street leads to the airport?
Cila rrugë çon në aeroport?
(Cee-lah rrroo-guh chon nuh ah-eh-roh-port?)

157. Where is the nearest taxi stand?
Ku është stacioni më i afërt i taksive?
(Koo esh-tuh stah-tsee-oh-nee muh ee ah-fuhrt ee tahk-see-veh?)

> **Travel Story:** On the serene beaches of Ksamil, a vendor selling fresh fruits exclaimed, "Shija e verës në një kokërr," meaning "The taste of summer in a bite," highlighting the sweetness of Albanian watermelons.

158. How can I find the hotel from here?
Si mund ta gjej hotelin nga këtu?
(See moon-dah tah gjay ho-teh-leen ngah kuh-too?)

> **Fun Fact:** The country's legal code, the Kanun of Lekë Dukagjini, is one of the oldest in Europe.

159. What's the quickest route to the museum?
Cila është rruga më e shpejtë për në muze?
(Cee-lah esh-tuh rrroo-gah muh eh shpeh-jtuh pur nuh moo-zeh?)

160. Is there a pedestrian path to the beach?
A ka një shteg për këmbësorët drejt plazhit?
(Ah kah nyuh shtehg pur kuhm-buh-sor-uht dreht plah-zheet?)

161. Can you point me towards the city square?
A mund të më drejtoni drejt sheshit të qytetit?
(Ah moon-duh tuh muh dreh-jtoh-nee dreht sheh-sheeat tuh chee-teh-teet?)

> **Idiomatic Expression:** "Nuk është gjë e kuqe."
> Meaning: "It's not a big deal."
> (Literal translation: "It's not a red thing.")

162. How do I find the trailhead for the hiking trail?
Si mund të gjej fillimin e shtegut për ecje në natyrë?
(See moon-duh tuh gjay fee-lee-meen eh shteh-goot pur eh-cheh nuh nah-tyoo-ruh?)

> **Fun Fact:** Albanian has two main dialects: Gheg, spoken in the north, and Tosk, spoken in the south.

Ticket Purchase

163. How much is a one-way ticket to downtown?
Sa kushton një biletë një-drejtimi për në qendër?
(Sah koo-shton nyuh bee-leh-tuh nyuh-drej-tee-mee pur nuh chen-duhr?)

164. Are there any discounts for students?
A ka zbritje për studentët?
(Ah kah z-bree-tyeh pur stoo-den-tet?)

> **Language Learning Tip:** Read Albanian Literature - Start with children's books or short stories, gradually moving to more complex texts.

165. What's the price of a monthly bus pass?
Sa kushton një abonim mujor për autobus?
(Sah koo-shton nyuh ah-boh-neem moo-yor pur ow-toh-boos?)

166. Can I buy a metro ticket for a week?
A mund të blej një biletë metroje për një javë?
(Ah moon-duh tuh bleh nyuh bee-leh-tuh meh-troh-yeh pur nyuh yah-vuh?)

167. How do I get a refund for a canceled flight?
Si mund të marr një rimbursim për një fluturim të anuluar?
(See moon-duh tuh mahr nyuh reem-boor-seem pur nyuh floo-too-reem tuh ah-noo-loo-ar?)

> **Fun Fact:** Albania has a unique tradition of "sworn virgins," women who take a vow of chastity and live as men in exchange for societal privileges only afforded to men.

168. Is it cheaper to purchase tickets online or at the station?
A është më lirë të blish biletat online apo në stacion?
(Ah esh-tuh muh lee-ruh tuh bleesh bee-leh-tat ohn-line ah-po nuh stah-tsee-on?)

169. Can I upgrade my bus ticket to first class?
A mund të përmirësoj biletën e autobusit për në klasën e parë?
(Ah moon-duh tuh pur-mee-ruh-soy bee-leh-ten eh ow-toh-boo-seet pur nuh klah-sen eh pah-ruh?)

170. Are there any promotions for weekend train travel?
A ka promocione për udhëtime me tren gjatë fundjavave?
(Ah kah proh-moh-tsee-oh-neh pur oo-dheh-tee-meh meh tren gyah-tuh foon-jah-vah-veh?)

171. Is there a night bus to the city center?
A ka një autobus natën për në qendër?
(Ah kah nyuh ow-toh-boos nah-ten pur nuh chen-duhr?)

> **Idiomatic Expression:** "Të mbajë nën sqetull."
> Meaning: "To keep someone under your protection."
> (Literal translation: "To keep under the armpit.")

172. What's the cost of a one-day tram pass?
Sa kushton një abonim ditor për tramvaj?
(Sah koo-shton nyuh ah-boh-neem dee-tor pur tram-vai?)

> **Fun Fact:** The Albanian language contains words borrowed from Latin, Greek, Turkish, Italian, and Slavic languages, reflecting its rich history.

Travel Info

173. What's the weather forecast for tomorrow?
Cila është parashikimi i motit për nesër?
(Tsee-lah esh-tuh pah-rah-shee-kee-mee ee moh-teet pehr neh-sehr?)

174. Are there any guided tours of the historical sites?
A ka ture të udhëzuara të vendndodhjeve historike?
(Ah kah too-reh tuh udh-uh-zoo-ah-rah tuh vend-ndodh-jehv-eh his-toh-ree-keh?)

175. Can you recommend a good local restaurant for dinner?
Mund të rekomandoni një restorant lokal të mirë për darkë?
(Moond tuh reh-koh-mah-doh-nee nyuh res-toh-raant loh-kahl tuh meer pehr dah-rkuh?)

176. How do I get to the famous landmarks in town?
Si mund të shkoj tek monumentet e famshme në qytet?
(See moond tuh shkoy tek moh-noo-mehn-teh eh fahm-shmeh neh chy-teht?)

177. Is there a visitor center at the airport?
A ka një qendër vizitorësh në aeroport?
(Ah kah nyuh chen-der vee-zee-toh-resh neh ah-eh-roh-port?)

178. What's the policy for bringing pets on the train?
Cila është politika për të sjellë kafshët në tren?
(Tsee-lah esh-tuh poh-lee-tee-kah pehr tuh syeh-luh kahf-shet neh tren?)

179. Are there any discounts for disabled travelers?
A ka zbritje për udhëtarët me aftësi të kufizuara?
(Ah kah zbree-tyeh pehr udh-uh-tah-ret meh ahf-tuh-see tuh koo-fee-zoo-ah-rah?)

> **Idiomatic Expression:** "Të shkojë si këmbë në vesh."
> Meaning: "To fit perfectly."
> (Literal translation: "To go like foot in ear.")

180. Can you provide information about local festivals?
Mund të ofroni informacion për festivalet lokale?
(Moond tuh oh-froh-nee een-fohr-mah-tsee-ohn pehr fes-tee-vah-let loh-kah-leh?)

181. Is there Wi-Fi available on long bus journeys?
A ka Wi-Fi në udhëtime të gjata me autobus?
(Ah kah Wee-Fee neh udh-uh-tee-meh tuh jah-tah meh ow-toh-boos?)

> **Fun Fact:** Albania was almost completely isolated from the rest of the world during its communist period from 1946 to 1991.

182. Where can I rent a bicycle for exploring the city?
Ku mund të marr në qira një biçikletë për të eksploruar qytetin?
(Koo moond tuh mahrr neh chee-rah nyuh bee-chee-kleh-tuh pehr tuh eks-ploh-roo-ahr chy-teh-tin?)

> **Travel Story:** In the heart of the Albanian Alps, a hiker shared, "Mali është magjik," which means "The mountain is magical," capturing the awe-inspiring beauty of the landscape.

Getting Around by Public Transportation

183. Which bus should I take to reach the city center?
Cilin autobus duhet të marr për të arritur në qendrën e qytetit?
(Tsi-lin ow-toh-boos doo-het te mar per te a-ree-toor në qen-dren e qee-teh-teet?)

184. Can I buy a day pass for unlimited rides?
A mund të blej një biletë ditorë për udhëtime të pakufizuara?
(A moond te blay nye bee-leh-te dee-toh-re për oo-dhe-tee-me te pa-koo-fee-zoo-ah-rah?)

185. Is there a metro station within walking distance?
A ka një stacion metroje në distancë pezullimi?
(A kah nye sta-tsee-on me-tro-yeh në dee-stan-tse pe-zoo-lee-mee?)

186. How do I transfer between different bus lines?
Si të transferohem ndërmjet linjave të ndryshme të autobusëve?
(See te trans-fe-roh-em nder-myet leen-jah-ve te ndree-shme te ow-toh-boo-sev?)

187. Are there any discounts for senior citizens?
A ka zbritje për të moshuarit?
(A kah z-bree-tyeh për te mo-shoo-ah-reet?)

188. What's the last bus/train for the night?
Cili është autobusi/treni i fundit për natën?
(Tsee-lee është ow-toh-boo-see/treh-nee ee foon-deet për nah-ten?)

189. Are there any express buses to [destination]?
A ka autobusë ekspres për në [destinacion]?
(A kah ow-toh-boo-se eks-pres për në [des-tee-na-tsee-on]?)

> "Nuk ka flakë pa tym."
> **"There's no smoke without fire."**
> *It suggests that rumors or accusations usually stem from some form of truth.*

190. Do trams run on weekends as well?
 A funksionojnë tramvajet gjatë fundjavave gjithashtu?
 (A foonk-syo-noyne trahm-vah-yet jah-te foon-jah-vah-ve jee-thash-too?)

> **Fun Fact:** Albania is home to the Blue Eye Spring, a water spring with stunningly clear blue water.

191. Can you recommend a reliable taxi service?
 A mund të rekomandoni një shërbim taksie të besueshëm?
 (A moond te reh-ko-man-do-nee nye sher-beem tahk-see-eh te beh-sweh-shem?)

192. What's the fare for a one-way ticket to the suburbs?
 Sa kushton një biletë një-drejtimi për në periferi?
 (Sah koo-shton nye bee-leh-te nye-dreh-jtee-mee për në peh-ree-feh-ree?)

> **Travel Story:** During a traditional dinner in Berat, a host toasted with, "Për shëndetin!" translating to "To health!" emphasizing the importance of well-being and community.

Navigating the Airport

193. Where can I locate the baggage claim area?
Ku mund të gjej zonën e marrjes së bagazhit?
(Koo moond t-uh g-yehj zoh-nehn e mah-rr-jehs seh bah-gah-zheet?)

194. Is there a currency exchange counter in the terminal?
A ka një sportel këmbimi valutor në terminal?
(Ah kah nyuh spor-tell kuhm-bee-me vah-loo-tohr n-uh ter-mee-nahl?)

> **Idiomatic Expression:** "Të kesh kokën si magazinë."
> Meaning: "To have a lot of knowledge or ideas."
> (Literal translation: "To have the head like a warehouse.")

195. Are there any pet relief areas for service animals?
A ka zona lehtësimi për kafshët shërbimore?
(Ah kah zoh-nah leh-tuh-see-mee pehr kahf-sheht shuhr-bee-moh-reh?)

196. How early can I go through security?
Sa herët mund të kaloj nga siguria?
(Sah heh-ret moond t-uh kah-loiy ngah see-goo-ree-ah?)

197. What's the procedure for boarding the aircraft?
Cila është procedura për të hipur në avion?
(Tsee-lah ush-tuh pro-tseh-doo-rah pehr tuh hee-poor n-uh ah-vee-on?)

198. Can I use mobile boarding passes?
A mund të përdor kartat e imbarakimit mobile?
(Ah moond tuh pur-door kar-taht eh eem-bah-rah-kee-meet moh-bee-leh?)

199. Are there any restaurants past security?
A ka restorante pas kontrollit të sigurisë?
(Ah kah res-toh-rahn-teh pahs kon-trohl-eet tuh see-goo-ree-suh?)

200. What's the airport's Wi-Fi password?
Cila është fjalëkalimi i Wi-Fi të aeroportit?
(Tsee-lah ush-tuh fyahl-uh-kah-lee-mee ee Wee-Fee tuh ah-eh-roh-pohr-teet?)

201. Can I bring duty-free items on board?
A mund të sjell artikuj pa taksa në bordin?
(Ah moond tuh syell ar-tee-kooy pah tahk-sah n-uh bor-deen?)

202. Is there a pharmacy at the airport?
A ka një farmaci në aeroport?
(Ah kah nyuh far-mah-tsee n-uh ah-eh-roh-port?)

Traveling by Car

203. How do I pay tolls on the highway?
Si të paguaj tarifat në autostradë?
(See tuh pah-goo-ai tah-ree-faht n-uh ow-toh-strah-duh?)

204. Where can I find a car wash nearby?
Ku mund të gjej një lavazh makinash pranë?
(Koo moond tuh g-yehj nyuh lah-vahzh mah-kee-nahsh prah-neh?)

205. Are there electric vehicle charging stations?
A ka stacione ngarkese për automjete elektrike?
(Ah kah stah-tsee-oh-neh n'gar-keh-seh pehr ow-toh-myeh-teh eh-lehk-tree-keh?)

206. Can I rent a GPS navigation system with the car?
A mund të marr me qira një sistem navigacioni GPS me makinën?
(A moond tuh mahr meh kee-rah nyuh see-stehm nah-vee-gah-tsee-oh-nee GPS meh mah-kee-nën?)

207. What's the cost of parking in the city center?
Sa kushton parkimi në qendër të qytetit?
(Sah koosh-tohn pahr-kee-mee ne chen-der tuh chee-teh-teet?)

208. Do I need an international driving permit?
A më duhet një leje ndërkombëtare për të drejtuar?
(A muh doo-het nyuh leh-yeh nehr-kom-buh-tah-reh pehr tuh dreht-oo-ahr?)

209. Is roadside assistance available?
A është në dispozicion ndihma në rrugë?
(A esh-tuh ne dee-spoh-zee-tsee-ohn ndeehm-ah ne roo-guh?)

210. Are there any traffic cameras on this route?
A ka kamera trafiku në këtë rrugë?
(A kah kah-meh-rah trah-fee-koo ne kuh-tuh roo-guh?)

211. Can you recommend a reliable mechanic?
A mund të rekomandoni një mekanik të besueshëm?
(A moond tuh reh-koh-mahn-doh-nee nyuh meh-kah-neek tuh beh-sue-shem?)

212. What's the speed limit in residential areas?
Cila është kufiri i shpejtësisë në zonat rezidenciale?
(See-lah esh-tuh koo-fee-ree ee shpeht-see-suh ne zoh-naht reh-zee-den-tsee-ah-leh?)

Airport Transfers and Shuttles

213. Where is the taxi stand located at the airport?
 Ku ndodhet stacioni i taksive në aeroport?
 (Koo ndoh-det stah-tsee-oh-nee ee tahk-see-veh ne ah-eh-roh-port?)

214. Do airport shuttles run 24/7?
 A funksionojnë navetat e aeroportit 24 orë në ditë?
 (A foonk-see-oh-nyuh nah-veh-taht eh ah-eh-roh-por-teet chuh-buh-dyet orr ne dee-tuh?)

> **Idiomatic Expression:** "Të jesh si deti pa ujë."
> Meaning: "To feel empty or lacking purpose."
> (Literal translation: "To be like the sea without water.")

215. How long does it take to reach downtown by taxi?
 Sa kohë zgjat për të arritur në qendër të qytetit me taksi?
 (Sah koh-zhaht pehr tuh ah-ree-toor ne chen-der tuh chee-teh-teet meh tahk-see?)

216. Is there a designated pick-up area for ride-sharing services?
 A ka një zonë të caktuar për marrjen e shërbimeve të ndarjes së automjeteve?
 (A kah nyuh zoh-nuh tuh chak-too-ahr pehr mahr-jen eh sher-bee-mehv tuh ndahr-yes se ah-toe-mye-tehveh?)

217. Can I book a shuttle in advance?
 A mund të rezervoj një navetë paraprakisht?
 (A moond tuh reh-zehr-voy nyuh nah-veh-tuh pah-rah-prah-keesht?)

> **Fun Fact:** In 1967, Albania declared itself the world's first atheist state and banned all religious practices.

218. Do hotels offer free shuttle service to the airport?
A ofrojnë hotelet shërbim falas shuttle për në aeroport?
(A oh-froy-nyuh ho-te-let shair-beem fa-las shut-le pair nay aye-ro-port?)

219. What's the rate for a private airport transfer?
Cila është tarifa për një transferim privat në aeroport?
(Cee-la esh-tuh ta-ree-fa pair nyuh trans-fe-rim pree-vat nay aye-ro-port?)

220. Are there any public buses connecting to the airport?
A ka autobusë publikë që lidhin me aeroportin?
(A ka ow-toh-boo-suh poo-blee-kuh qeh lee-dheen meh aye-ro-por-tin?)

221. Can you recommend a reliable limousine service?
A mund të rekomandoni një shërbim limuzine të besueshëm?
(A moond tuh re-ko-man-doh-nee nyuh shair-beem lee-moo-zee-neh tuh be-sue-shem?)

222. Is there an airport shuttle for early morning flights?
A ka shuttle për fluturimet e mëngjesit të hershëm në aeroport?
(A ka shut-le pair flu-tu-ree-met eh meng-jeh-sit tuh her-shem nay aye-ro-port?)

Traveling with Luggage

223. Can I check my bags at this train station?
A mund të regjistroj bagazhet e mia në këtë stacion treni?
(A moond tuh re-jis-troy ba-ga-zhet eh mee-a nay kuh-tuh sta-tsyon tre-nee?)

224. Where can I find baggage carts in the airport?
Ku mund të gjej karrocat e bagazhit në aeroport?
(Koo moond tuh g-jay ka-rro-cat eh ba-ga-zhit nay aye-ro-port?)

> **Fun Fact:** The country operates on a unique "bunker mentality," with over 173,000 bunkers built during the communist era for fear of invasion.

225. Are there weight limits for checked baggage?
A ka kufizime për peshën e bagazhit të regjistruar?
(A ka koo-fee-zee-meh pair peh-shen eh ba-ga-zhit tuh re-jis-tru-ar?)

226. Can I carry my backpack as a personal item?
A mund ta mbaj rucksack-un tim si një artikull personal?
(A moond ta ma-by rook-sack-oon teem see nyuh ar-tee-kool per-so-nal?)

227. What's the procedure for oversized luggage?
Cila është procedura për bagazhin e madh?
(Cee-la esh-tuh pro-ce-doo-ra pair ba-ga-zheen eh madh?)

228. Can I bring a stroller on the bus?
A mund të sjell karrocën e fëmijës në autobus?
(A moond tuh syell ka-rro-chen eh fuh-mee-yehs nay ow-toh-boos?)

229. Are there lockers for storing luggage at the airport?
A ka dollapë ruajtjeje për bagazhet në aeroport?
(A ka doh-lah-puh roo-ai-tyeh pair ba-ga-zhet nay aye-ro-port?)

> **Fun Fact:** Albanian is the official language of Albania and Kosovo and is a minority language in several other countries.

230. How do I label my luggage with contact information?
Si të etiketoj bagazhin tim me informacionin e kontaktit?
(See teh eh-tee-keh-toy bah-gah-zheen teem meh een-fohr-mah-tsee-oh-neen eh kohn-tahk-teet?)

231. Is there a lost and found office at the train station?
A ka një zyrë për gjësende të humbura dhe të gjetura në stacionin e trenit?
(Ah kah nyuh zee-ruh pehr jeh-sehn-deh teh hoom-boo-rah dheh teh jeh-too-rah neh sta-tsee-oh-neen eh treh-neet?)

> **Idiomatic Expression:** "Të hash bukë me dikë."
> Meaning: "To be very close friends with someone."
> (Literal translation: "To eat bread with someone.")

232. Can I carry fragile items in my checked bags?
A mund të mbaj artikuj të brishtë në çantat e mia të regjistruara?
(Ah moond teh mbahy ar-tee-kooy teh breesh-tuh neh chaan-taht eh mee-ah teh reh-jee-stroo-ah-rah?)

> "
> "Ai që nuk rrezikon, nuk fiton kurrë."
> **"He who does not risk, never wins."**
> *The quote advocates for risk-taking, implying success necessitates leaving the comfort zone.*
> "

Word Search Puzzle: Travel & Transportation

AIRPORT
AEROPORT
BUS
AUTOBUS
TAXI
TAKSI
TICKET
BILETË
MAP
HARTË
CAR
MAKINË
METRO
METRO
BICYCLE
BICIKLETË
DEPARTURE
NISJE
ARRIVAL
ARRITJE
ROAD
RRUGË
PLATFORM
PLATFORMË
STATION
STACION
TERMINAL
TERMINAL

```
R V V A M V A M C G N N N W Ë
U U F E P B P A T A T Q Z Y M
L Y T F O K T K D V R P J K R
T R I N A A Ë I V A K Z D S O
O E V U X M T N E O L W D X F
P U R I T U E Ë B W X C N J T
A M N M E K L K W H J Q T O A
L D L D I W I O R T E M T Ë L
Y A Y Z T N B E A Z M X K T P
I S K A T H A R T Ë Y T S E N
U M V D P Y G L V J M A H L J
J W E L M V B T O V O P F K A
T Y L H E U T P Y V X N T I G
K P D M E Z T P B J O L V C F
N W J H G R E E W I N H A I S
B A E R O P O R T B W H U B Z
T Z E P V K Q A U D U E T K B
O E R L U A T C R B R S O F K
A I K O C S V T V U Z E B J P
A R U C W Y Z P T W E L U F L
R H R V I P C R F J N J S W C
R M K I A T A I K H Ë G U R R
I O R M V P E R B Q Z Q Y S T
T X T O E A O X G N I S J E E
J D W D F A L S T A C I O N R
E C H Z D T M F L N T W N K M
K D I T B L A X G M V X J C I
P L O L K Q R L P P F J I Z N
S P O R U T K V P P C U P M A
E A P P Z Z N M F V G G U Z L
```

Correct Answers:

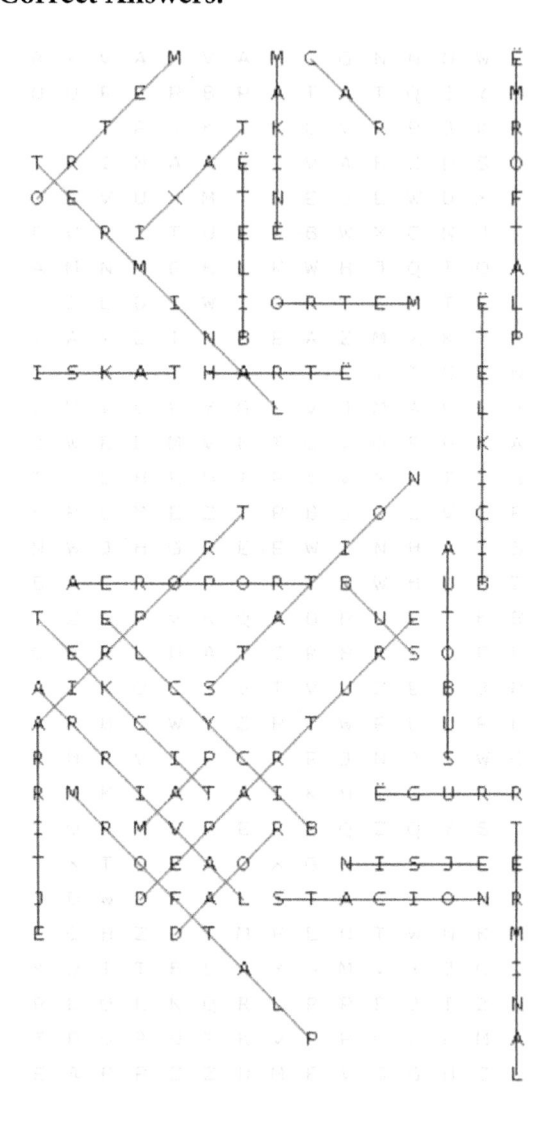

ACCOMMODATIONS

- CHECKING INTO A HOTEL -
- ASKING ABOUT ROOM AMENITIES -
- REPORTING ISSUES OR MAKING REQUESTS -

Hotel Check-In

233. I have a reservation under [Name].
 Kam një rezervim nën emrin [Emri].
 (Kahm nyuh reh-zer-veem n'ehn ehm-reen [Ehm-ree].)

234. Can I see some identification, please?
 A mund të shoh një identifikim, ju lutem?
 (Ah moond teh shoh nyuh eed-en-tee-fee-keem, yoo loo-tehm?)

235. What time is check-in/check-out?
 Cila është ora e regjistrimit/daljes?
 (Chee-lah ush-tuh oh-rah eh reh-jee-stree-meet/dah-lyes?)

236. Is breakfast included in the room rate?
 A është mëngjesi përfshirë në çmimin e dhomës?
 (Ah ush-tuh mehng-jeh-see pehr-fshee-ruh n'uh ch-mee-meen eh dhoh-muhs?)

237. Do you need a credit card for incidentals?
 A kërkohet një kartë krediti për shpenzime shtesë?
 (Ah kuh-rkoh-het nyuh kahr-tuh kreh-dee-tee pehr shpehn-zee-meh shteh-seh?)

238. May I have a room key, please?
 A mund të marr çelësin e dhomës, ju lutem?
 (Ah moond teh mahr cheh-leh-seen eh dhoh-muhs, yoo loo-tehm?)

239. Is there a shuttle service to the airport?
 A ka një shërbim navete për në aeroport?
 (Ah kah nyuh shuhr-beem nah-veh-teh pehr n'uh ah-eh-roh-port?)

240. Could you call a bellhop for assistance?
A mund të thërrasni një çantambardhë për ndihmë?
(Ah moond teh thuh-rrahs-nee nyuh chahn-tahm-bahr-dhuh pehr ndeehm?)

> **Fun Fact:** Albania is one of the few countries in the world that has its own unique toponym, not shared or derived from any other language.

Room Amenities

241. Can I request a non-smoking room?
A mund të kërkoj një dhomë jo-duhanpirëse?
(Ah moond teh kuh-rkoy nyuh dhoh-muh yoh-doo-hahn-pee-rreh-seh?)

242. Is there a mini-fridge in the room?
A ka një frigorifer të vogël në dhomë?
(Ah kah nyuh free-goh-ree-fehr tuh vo-guhl n'uh dhoh-muh?)

243. Do you provide free Wi-Fi access?
A ofroni qasje falas në Wi-Fi?
(Ah oh-froh-nee chah-syeh fah-lahs n'uh Wee-Fee?)

244. Can I have an extra pillow or blanket?
A mund të marr një jastëk shtesë ose një batanije?
(Ah moond teh mahr nyuh yahs-tek sh-teh-seh oh-seh nyuh bah-tah-nee-yeh?)

245. Is there a hairdryer in the bathroom?
A ka një tharëse flokësh në banjë?
(Ah kah nyuh thah-reh-seh floh-kesh n'uh bah-nyuh?)

246. What's the TV channel lineup?
Cila është lista e kanaleve televizive?
(Tsee-lah esh-tuh lee-stah eh kah-nah-leh-veh teh-leh-vee-zee-veh?)

247. Are toiletries like shampoo provided?
A ofrohen artikuj higjienikë si shampo?
(Ah oh-froh-hen ar-tee-kooy hee-jee-eh-nee-keh see sham-poh?)

248. Is room service available 24/7?
A është shërbimi i dhomës i disponueshëm 24 orë në ditë?
(Ah esh-tuh shuhr-bee-mee ee dhoh-muhs ee dee-spoh-noo-eh-shehm 24 oh-reh neh dee-teh?)

> **Fun Fact:** The traditional Albanian greeting, "Si je?" means "How are you?" but literally translates to "How do you stand?"

Reporting Issues

249. There's a problem with the air conditioning.
Ka një problem me kondicionerin.
(Kah nyuh proh-blem meh kohn-dee-tsyoh-neh-reen.)

250. The shower is not working properly.
Dushi nuk funksionon siç duhet.
(Doo-shee nook foonk-syoh-nohn seetch doo-het.)

251. My room key card isn't functioning.
Kartela e çelësit të dhomës sime nuk funksionon.
(Kahr-teh-lah eh cheh-luh-seet tuh dhoh-muhs see-meh nook foonk-syoh-nohn.)

252. There's a leak in the bathroom.
Ka një rrjedhje në banjo.
(Kah nyuh rruh-jeh-jeh neh bahn-yoh.)

253. The TV remote is not responding.
Telekomanda e televizorit nuk përgjigjet.
(Teh-leh-koh-mahn-dah eh teh-leh-vee-zoh-reet nook pur-gee-jet.)

254. Can you fix the broken light in my room?
A mund të rregulloni dritën e prishur në dhomën time?
(Ah moond tuh rreh-goo-loh-nee dree-tuhn eh pree-shoor neh dhoh-muhn tee-meh?)

255. I need assistance with my luggage.
Kam nevojë për ndihmë me bagazhin tim.
(Kahm neh-voy pur ndeeh-muh meh bah-gah-zheen teem.)

256. There's a strange noise coming from next door.
Vjen një zhurmë e çuditshme nga dera pranë.
(Vyen nyuh zhoo-rmuh eh choo-deet-shmeh ngah deh-rah prah-neh.)

Making Requests

257. Can I have a wake-up call at 7 AM?
A mund të marr një thirrje zgjimi në orën 7 të mëngjesit?
(Ah moond tuh mahr nyuh thee-rje zgjee-mee neh oh-rehn 7 tuh muhng-je-seet?)

Fun Fact: Albania's coastline along the Ionian Sea is known as the Albanian Riviera and is famous for its clear waters and white sandy beaches.

258. Please send extra towels to my room.
Ju lutem, dërgoni peshqira shtesë në dhomën time.
(Yoo loo-tem, derr-goh-nee peh-shkee-rah shteh-suh neh dhoh-mehn tee-meh.)

259. Could you arrange a taxi for tomorrow?
A mund të organizoni një taksi për nesër?
(Ah moond tuh or-gah-nee-zoh-nee nyuh tahk-see pehr neh-suhrr?)

260. I'd like to extend my stay for two more nights.
Dëshiroj të zgjas shtimin e qëndrimit për dy netë të tjera.
(Desh-ee-roj tuh zhjas shtee-meen eh chend-ree-meet pehr dy neh-teh tuh tye-rah.)

> **Fun Fact:** The national symbol of Albania is a double-headed eagle.

261. Is it possible to change my room?
A është e mundur të ndërroj dhomën time?
(Ah esh-tuh eh moon-door tuh ndeh-rroj dhoh-mehn tee-meh?)

262. Can I have a late check-out at 2 PM?
A mund të kem një dalje të vonshme në orën 14:00?
(Ah moond tuh kuhm nyuh dah-lyeh tuh voan-shmeh neh oh-rehn chaht-ehr-eh?)

263. I need an iron and ironing board.
Kam nevojë për një hekur dhe një tavë hekurosje.
(Kahm neh-voh-yuh pehr nyuh heh-koor dheh nyuh tah-vuh heh-koor-oh-syeh.)

264. Could you provide directions to [location]?
A mund të më jepni udhëzime për [vendin]?
(Ah moond tuh muh yehp-nee oo-dhuh-zee-meh pehr [vehn-deen]?)

Room Types and Preferences

265. I'd like to book a single room, please.
 Dëshiroj të rezervoj një dhomë të vetme, ju lutem.
 (Desh-ee-roj tuh reh-zehr-voy nyuh dhoh-meh tuh veh-tme, yoo loo-tem.)

266. Do you have any suites available?
 A keni ndonjë suitë të disponueshme?
 (Ah keh-nee ndon-yuh soo-tee tuh dee-spo-noo-esh-meh?)

267. Is there a room with a view of the city?
 A ka një dhomë me pamje nga qyteti?
 (Ah kah nyuh dhoh-meh meh pahm-yeh ngah chy-teh-tee?)

268. Is breakfast included in the room rate?
 A përfshihet mëngjesi në çmimin e dhomës?
 (Ah puh-rf-shee-het meng-ye-see neh chmee-meen eh dhoh-mehs?)

269. Can I request a room on a higher floor?
 A mund të kërkoj një dhomë në një kat më të lartë?
 (Ah moond tuh kuh-rkoy nyuh dhoh-meh neh nyuh kaht meh tuh lahr-tuh?)

270. Is there an option for a smoking room?
 A ka opsion për një dhomë për duhanpirës?
 (Ah kah op-see-on pehr nyuh dhoh-meh pehr doo-hahn-pee-res?)

> **Travel Story:** In Gjirokastër's cobblestone alleys, an artisan mentioned, "Secila gur tregon një histori," meaning "Every stone tells a story," reflecting on the city's rich history.

271. Are there connecting rooms for families?
A ka dhoma të lidhura për familjet?
(*Ah kah doh-mah tuh lee-dhoo-rah pehr fah-mee-lyet?*)

272. I'd prefer a king-size bed.
Do të preferoja një krevat me madhësi mbretërore.
(*Doh tuh preh-feh-roh-yah nyuh kreh-vaht meh mah-dhe-see mbreh-tuh-roh-reh.*)

273. Is there a bathtub in any of the rooms?
A ka vaskë në ndonjë nga dhomat?
(*Ah kah vah-skah nay ndon-yuh ngah doh-maht?*)

Hotel Facilities and Services

274. What time does the hotel restaurant close?
Në çfarë ore mbyllet restoranti i hotelit?
(*Nuh char-fah oh-reh mm-bee-llet res-toh-rahn-tee ee ho-teh-leet?*)

275. Is there a fitness center in the hotel?
A ka një qendër fitnesi në hotel?
(*Ah kah nyuh chen-dur feeh-tneh-see nay ho-tehl?*)

276. Can I access the pool as a guest?
A mund të përdor pishinën si mysafir?
(*Ah moond tuh pur-dohr pee-shee-neh see my-sah-feer?*)

277. Do you offer laundry facilities?
A ofroni mundësi për larje rrobash?
(*Ah oh-froh-nee moon-duh-see pehr lahr-jeh roh-bahsh?*)

278. Is parking available on-site?
A ka parkim në vend?
(Ah kah pahr-keem nay vehnd?)

279. Is room cleaning provided daily?
A bëhet pastrimi i dhomës çdo ditë?
(Ah byeh-t pa-stree-mee ee doh-muhs cho doh-tee?)

280. Can I use the business center?
A mund të përdor qendrën e biznesit?
(Ah moond tuh pur-dohr chen-drun eh biz-neh-seet?)

281. Are pets allowed in the hotel?
A lejohen kafshët në hotel?
(Ah leh-yo-hen kahf-sheht nay ho-tehl?)

> **Travel Story:** At a lively folk music festival in Korçë, a musician said, "Muzika është zemra e popullit," translating to "Music is the heart of the people," showcasing the cultural significance of music in Albania.

Payment and Check-Out

282. Can I have the bill, please?
Mund të më jepni faturën, ju lutem?
(Moon tuh muh yehp-nee fah-too-rn, yoo loo-tehm?)

283. Do you accept credit cards?
A pranoni kartela krediti?
(Ah prah-noh-nee kar-teh-lah kreh-dee-tee?)

284. Can I pay in cash?
A mund të paguaj me para në dorë?
(*Ah moond tuh pah-goo-eye meh pah-rah neh doh-reh?*)

285. Is there a security deposit required?
A kërkohet një depozitë sigurie?
(*Ah kuh-rkoh-het nyuh deh-poh-zee-tuh see-goo-ree-eh?*)

286. Can I get a receipt for my stay?
A mund të marr një faturë për qëndrimin tim?
(*Ah moond tuh mahr nyuh fah-too-ruh pehr chend-ree-meen teem?*)

287. What's the check-out time?
Cila është ora e daljes?
(*Tsee-lah ush-tuh oh-rah eh dah-ljees?*)

288. Is late check-out an option?
A është opsion dalja e vonshme?
(*Ah ush-tuh op-see-on dah-lyah eh voan-shmeh?*)

289. Can I settle my bill in advance?
A mund të paguaj faturën paraprakisht?
(*Ah moond tuh pah-goo-eye fah-too-ruhn pah-rah-prah-keesht?*)

Booking Accommodations

290. Can I book online or by phone?
A mund të bëj rezervim online ose me telefon?
(*Ah moond tuh b-uh y rez-ehr-veem ohn-line oh-seh meh teh-leh-fohn?*)

291. How much is the room rate per night?
Sa kushton dhoma për një natë?
(Sah koo-shton doh-mah pehr nyuh nah-tuh?)

292. I'd like to make a reservation.
Do të doja të bëja një rezervim.
(Doh tuh doh-yah tuh b-uh-yah nyuh rez-ehr-veem.)

293. Are there any special promotions?
A ka ndonjë promovim special?
(Ah kah ndon-yuh proh-moh-veem speh-tsee-ahl?)

294. Is breakfast included in the booking?
A përfshihet mëngjesi në rezervim?
(Ah pur-fshee-het meng-je-see neh rez-ehr-veem?)

295. Can you confirm my reservation?
A mund ta konfirmoni rezervimin tim?
(Ah moond tah kohn-feer-moh-nee rez-ehr-vee-meen teem?)

296. What's the cancellation policy?
Cila është politika e anulimit?
(Tsee-lah ush-tuh poh-lee-tee-kah eh ah-noo-lee-meet?)

297. I'd like to modify my booking.
Do të doja të ndryshoja rezervimin tim.
(Doh tuh doh-yah tuh ndree-show-yah rez-ehr-vee-meen teem?)

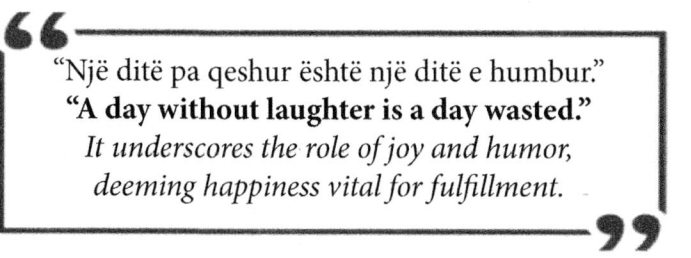

> "Një ditë pa qeshur është një ditë e humbur."
> **"A day without laughter is a day wasted."**
> *It underscores the role of joy and humor, deeming happiness vital for fulfillment.*

Mini Lesson:
Basic Grammar Principles in Albanian #1

Introduction:

Albanian, an Indo-European language spoken primarily in Albania and Kosovo, presents a rich linguistic heritage and complex grammatical structure. This lesson introduces foundational concepts in Albanian grammar, crucial for beginners embarking on their language learning journey.

1. Nouns and Gender:

Albanian nouns are categorized into three genders: masculine, feminine, and neuter. Indefinite articles vary accordingly:

- *Një qen (a dog) - masculine*
- *Një shtëpi (a house) - feminine*

2. Definite Articles:

The definite form in Albanian is marked by suffixes attached to the noun, which vary by gender and number:

- *Qeni (the dog)*
- *Shtëpia (the house)*

3. Personal Pronouns:

Albanian pronouns reflect the subject's gender and number, and change form based on their case (nominative, accusative, dative):

- *Unë (I)*
- *Ti (you - singular)*
- *Ai/Ajo (he/she)*
- *Ne (we)*
- *Ju (you - plural)*
- *Ata/Ato (they - masculine/feminine)*

4. Verb Conjugation:

Verbs in Albanian conjugate according to tense, mood, and the person and number of the subject. Present tense example:

- *Unë lexoj (I read)*
- *Ti lexon (You read)*

5. Tenses:

Albanian verbs express present, past (imperfect and aorist), and future tenses. An example with "to read" (lexoj):

- *Unë lexoj (I read - present)*
- *Unë lexova (I read - past)*
- *Unë do të lexoj (I will read - future)*

6. Negation:

Negation is formed by placing "nuk" before the verb:

- *Unë nuk lexoj (I do not read)*

7. Questions:

Questions can be formed by intonation or using question words like "ku" (where), "çfarë" (what), and "pse" (why):

- *A lexon ti? (Do you read?)*
- *Ku është libri? (Where is the book?)*

8. Plurals:

Plural nouns typically add -ë or -a, but irregular forms exist:

- *Libër (book) -> Libra (books)*

Conclusion:

This introduction to Albanian grammar lays the groundwork for further study. As you progress, you'll encounter the subjunctive mood, the use of clitics, and more. Remember, practice and exposure are key to mastering Albanian. Paç fat! (Good luck!)

SHOPPING

- BARGAINING AND HAGGLING -
- DESCRIBING ITEMS AND SIZES -
- MAKING PURCHASES AND PAYMENTS -

Bargaining

298. Can you give me a discount?
A mund të më jepni një zbritje?
(Ah moond tuh muh yehp-nee nyuh zbree-tyeh?)

299. What's your best price?
Cila është çmimi më i mirë që mund të ofroni?
(Tsee-lah ush-tuh chmee-mee muh ee mee-ruh cheh moond tuh oh-froh-nee?)

300. Is this the final price?
A është ky çmimi përfundimtar?
(Ah ush-tuh kee chmee-mee puhr-foon-deem-tahr?)

301. What's the lowest you can go?
Cili është çmimi më i ulët që mund të ofroni?
(Tsee-lee ush-tuh chmee-mee muh ee oo-luht cheh moond tuh oh-froh-nee?)

302. Do you offer any discounts for cash payments?
A ofroni ndonjë zbritje për pagesat në cash?
(Ah oh-froh-nee ndon-yuh zbree-tyeh pehr pah-geh-saht nuh kahsh?)

303. Are there any promotions or deals?
A ka ndonjë promovim apo oferta?
(Ah kah ndon-yuh proh-moh-veem ah-poh oh-feh-rah?)

304. I'm on a budget. Can you lower the price?
Jam me buxhet të kufizuar. A mund të ulni çmimin?
(Yahm meh boo-kh-eht tuh koo-fee-zoo-ahr. Ah moond tuh ool-nee chmee-meen?)

305. I'd like to negotiate the price.
Do të doja të negocioja çmimin.
(*Doh tuh doh-yah tuh neh-goh-see-oh-yah chmee-meen.*)

306. Can you do any better on the price?
A mund të bëni më mirë për çmimin?
(*Ah moond tuh buh-nee muh mee-ruh pehr chmee-meen?*)

307. Can you match the price from your competitor?
A mund të përshtatni çmimin me atë të konkurrentit?
(*Ah moond tuh puhr-shtaht-nee chmee-meen meh ah-tuh tuh kohn-koor-ren-teet?*)

Item Descriptions

308. Can you tell me about this product?
A mund të më tregoni për këtë produkt?
(*Ah moond tuh muh treh-goh-nee pehr kuh-tuh proh-dookt?*)

309. What are the specifications of this item?
Cilat janë specifikat e këtij artikulli?
(*Tsee-laht yah-nuh speh-tsee-fee-kaht eh kuh-tee-yee ah-ree-koo-lee?*)

310. Is this available in different colors?
A është i disponueshëm në ngjyra të ndryshme?
(*Ah ush-tuh ee dee-spo-noo-eh-shehm nuh nyoo-rah tuh ndree-shmeh?*)

311. Can you explain how this works?
A mund të shpjegoni si funksionon kjo?
(*Ah moond tuh shpyeh-goh-nee see foonk-syoh-nohn kyo?*)

312. What's the material of this item?
Prej çfarë materiali është ky artikull?
(*Prehj cha-fah-reh mah-teh-ree-ah-lee esh-tuh kee ah-ree-kool?*)

313. Are there any warranties or guarantees?
A ka garanci ose garancion?
(*Ah kah gah-rahn-chee oh-seh gah-rahn-tsee-on?*)

314. Does it come with accessories?
A vjen me aksesorë?
(*Ah vee-en meh ahk-seh-sor?*)

315. Can you show me how to use this?
A mund të më tregoni si të përdoret?
(*Ah moond tuh muh treh-goh-nee see tuh pur-doh-ret?*)

316. Are there any size options available?
A ka opsione për madhësi të ndryshme?
(*Ah kah op-see-oh-neh pehr mah-thuh-see tuh ndree-shmeh?*)

317. Can you describe the features of this product?
A mund të përshkruani veçoritë e këtij produkti?
(*Ah moond tuh pur-shkroo-ah-nee veh-choh-ree-teh eh kuh-tee-yee proh-dook-tee?*)

Payments

318. I'd like to pay with a credit card.
Do të doja të paguaja me kartë krediti.
(*Doh tuh doh-yah tuh pah-goo-eye-ah meh kahr-tuh kreh-dee-tee.*)

319. Do you accept debit cards?
A pranoni karta debiti?
(*Ah prah-noh-nee kahr-tah deh-bee-tee?*)

320. Can I pay in cash?
A mund të paguaj me para në dorë?
(*Ah moond tuh pah-goo-eye meh pah-rah neh doh-reh?*)

> **Idiomatic Expression:** "Si kafshë në kafaz."
> Meaning: "Feeling trapped or confined."
> (Literal translation: "Like an animal in a cage.")

321. What's your preferred payment method?
Cila është metoda juaj e preferuar e pagesës?
(*Tsee-lah esh-tuh meh-toh-dah yoo-eye eh preh-feh-roo-ahr eh pah-geh-suh?*)

322. Is there an extra charge for using a card?
A ka një tarifë shtesë për përdorimin e kartës?
(*Ah kah nyuh tah-ree-fuh shteh-suh pehr pur-doh-ree-meen eh kahr-tuhs?*)

323. Can I split the payment into installments?
A mund të ndaj pagesën në këste?
(*Ah moond tuh ndah-ee pah-geh-suhn neh kuh-steh?*)

324. Do you offer online payment options?
A ofroni opsione pagesash online?
(*Ah oh-froh-nee op-see-oh-neh pah-geh-sahsh on-line?*)

325. Can I get a receipt for this purchase?
A mund të marr një faturë për këtë blerje?
(*Ah moond tuh mahr nyuh fah-too-ruh pehr kuh-tuh blehr-yeh?*)

326. Are there any additional fees?
A ka tarifa shtesë?
(*Ah kah tah-ree-fah shteh-suh?*)

327. Is there a minimum purchase amount for card payments?
A ka një shumë minimale blerje për pagesat me kartë?
(*Ah kah nyuh shoo-muh mee-nee-mah-leh blehr-yeh pehr pah-geh-saht meh kahr-tuh?*)

> **Travel Story:** At a coffee shop in Shkodër, a local explained, "Kafeja është ftesë për të biseduar," translating to "Coffee is an invitation to chat," highlighting the social aspect of coffee culture in Albania.

Asking for Recommendations

328. Can you recommend something popular?
A mund të rekomandoni diçka popullore?
(*Ah moond tuh reh-koh-mah-doh-nee dee-chkah poh-poo-loor-eh?*)

329. What's your best-selling product?
Cili është produkti më i shitur?
(*Tsee-lee ush-tuh proh-dook-tee muh ee shee-toor?*)

330. Do you have any customer favorites?
A keni ndonjë favorit të klientëve?
(*Ah keh-nee ndon-yuh fah-voh-reet tay klee-ehn-tuh-veh?*)

331. Is there a brand you would suggest?
A keni ndonjë markë që do të sugjeronit?
(*Ah keh-nee ndon-yuh mahr-kuh chuh doh tuh soo-jeh-roh-neet?*)

332. Could you point me to high-quality items?
 A mund të më tregoni për artikuj të cilësisë së lartë?
 (*Ah moond tuh muh treh-goh-nee pehr ah-ree-koo-yuh tay chee-leh-see suh lahr-tuh?*)

333. What do most people choose in this category?
 Çfarë zgjedhin shumica e njerëzve në këtë kategori?
 (*Chfah-ruh zgjehd-heen shoo-mee-tsah eh nyeh-rehz-veh neh kuh-tuh kah-teh-goh-ree?*)

334. Are there any special recommendations?
 A ka ndonjë rekomandim të veçantë?
 (*Ah kah ndon-yuh reh-koh-mahn-deem tay veh-chan-tuh?*)

335. Can you tell me what's trendy right now?
 A mund të më thoni çfarë është në modë tani?
 (*Ah moond tuh muh thoh-nee chfah-ruh ush-tuh nuh mo-duh tah-nee?*)

336. What's your personal favorite here?
 Cili është favoriti juaj personal këtu?
 (*Tsee-lee ush-tuh fah-voh-ree-tee yoo-eye per-soh-nahl kuh-too?*)

337. Any suggestions for a gift?
 A keni ndonjë sugjerim për një dhuratë?
 (*Ah keh-nee ndon-yuh soo-jeh-reem pehr nyuh dhoo-rah-tuh?*)

> **Language Learning Tip:** Practice Writing - Keep a journal in Albanian, write essays, or compose emails.

Returns and Exchanges

338. I'd like to return this item.
Do të doja ta kthej këtë artikull.
(Doh tuh doh-yah tah ktheh kuh-tuh ah-ree-kool.)

339. Can I exchange this for a different size?
A mund ta ndërroj këtë me një madhësi tjetër?
(Ah moond tah nduh-roj kuh-tuh meh nyuh mah-thuh-see tyeh-tuh?)

340. What's your return policy?
Cila është politika juaj e kthimit?
(Tsee-lah usht politika yoo-eye eh kthee-meet?)

341. Is there a time limit for returns?
A ka një afat kohor për kthime?
(Ah kah nyuh ah-faht koh-hor pur kthee-meh?)

342. Do I need a receipt for a return?
A më duhet një faturë për ta kthyer?
(Ah muh doo-heht nyuh fah-too-ruh pur tah kthee-yer?)

343. Is there a restocking fee for returns?
A ka një tarifë rimbushjeje për kthimet?
(Ah kah nyuh tah-ree-fuh reem-boo-she-yeh pur kthee-met?)

344. Can I get a refund or store credit?
A mund të marr rimbursim ose kredit dyqani?
(Ah moond tuh mahr reem-boo-rseem oh-seh kreh-deet dy-qa-nee?)

345. Do you offer exchanges without receipts?
A ofroni ndërrime pa faturë?
(Ah oh-froh-nee nduh-rree-meh pah fah-too-ruh?)

346. What's the process for returning a defective item?
Cili është procesi për kthimin e një artikulli të difektuar?
(Tsee-lee usht proh-tseh-ee pur kthee-meen eh nyuh ah-ree-kool-lee teh dee-fek-too-ar?)

347. Can I return an online purchase in-store?
A mund të kthej një blerje online në dyqan?
(Ah moond tuh ktheh nyuh blehr-yeh ohn-line neh dy-qan?)

> **Travel Story:** In the old bazaar of Krujë, a shopper bargained saying, "A mund të bëjmë një çmim më të mirë?" which means "Can we make a better price?" learning the art of negotiation.

Shopping for Souvenirs

348. I'm looking for local souvenirs.
Po kërkoj suvenire lokale.
(Poh kuh-rkoy soo-veh-nee-reh loh-kah-leh.)

349. What's a popular souvenir from this place?
Cili është një suvenir popullor nga ky vend?
(Tsee-lee usht nyuh soo-veh-neer poh-poo-lore ngah kee vend?)

350. Do you have any handmade souvenirs?
A keni suvenire të bëra me dorë?
(Ah keh-nee soo-veh-nee-reh teh beh-rah meh doh-reh?)

351. Are there any traditional items here?
A ka këtu artikuj tradicionalë?
(Ah kah kuh-too ah-ree-koo-y trad-ee-tsee-oh-nahl?)

352. Can you suggest a unique souvenir?
A mund të sugjeroni një suvenir unik?
(Ah moond tuh soo-jeh-roh-nee nyuh soo-veh-neer oo-neek?)

353. I want something that represents this city.
Dua diçka që përfaqëson këtë qytet.
(Doo-ah dee-chkah chuh pur-fahk-sohn kuh-tuh chee-yet.)

354. Are there souvenirs for a specific landmark?
A ka suvenire për një vendndodhje specifike?
(Ah kah soo-veh-nee-reh pur nyuh vehnd-nohdh-jeh speh-tsee-fee-keh?)

355. Can you show me souvenirs with cultural significance?
A mund të më tregoni suvenire me rëndësi kulturore?
(Ah moond tuh muh treh-goh-nee soo-veh-nee-reh meh ruhn-duh-see kool-too-roh-reh?)

356. Do you offer personalized souvenirs?
A ofroni suvenire të personalizuara?
(Ah oh-froh-nee soo-veh-nee-reh tuh per-soh-nah-lee-zoo-ah-rah?)

357. What's the price range for souvenirs?
Cili është diapazoni i çmimeve për suvenire?
(Tsee-lee ush-tuh dee-ah-pah-zoh-nee ee chmee-meh-veh pur soo-veh-nee-reh?)

Shopping Online

358. How do I place an order online?
Si të bëj një porosi online?
(*See tuh buh-y nyuh poh-roh-see on-line?*)

359. What's the website for online shopping?
Cila është faqja e internetit për blerje online?
(*Tsee-lah ush-tuh fah-kjah eh een-tehr-nee-teet pur blehr-jeh on-line?*)

360. Do you offer free shipping?
A ofroni transport falas?
(*Ah oh-froh-nee trahns-pohrt fah-lahs?*)

361. Are there any online discounts or promotions?
A ka zbritje ose promovime online?
(*Ah kah zbrit-jeh oh-seh proh-moh-vee-meh on-line?*)

362. Can I track my online order?
A mund të ndjek porosinë time online?
(*Ah moond tuh ndyehk poh-roh-see-neh tee-meh on-line?*)

363. What's the return policy for online purchases?
Cila është politika e kthimit për blerjet online?
(*Tsee-lah ush-tuh poh-lee-tee-kah eh kthee-meet pur blehr-yet on-line?*)

364. Do you accept various payment methods online?
A pranoni metoda të ndryshme pagesash online?
(*Ah prah-noh-nee meh-toh-dah tuh ndree-shmeh pah-geh-sahsh on-line?*)

365. Is there a customer support hotline for online orders?
A ka një linjë ndihme për klientët për porositë online?
(Ah kah nyuh leen-yeh ndeeh-meh pehr klee-ehn-tet pehr poh-roh-see-teh on-line?)

> **Idiomatic Expression:** "Si qeni me dy koka."
> Meaning: "To be very alert or attentive."
> (Literal translation: "Like the dog with two heads.")

366. Can I change or cancel my online order?
A mund të ndryshoj ose anuloj porosinë time online?
(Ah moond tuh ndree-shoy oh-seh ah-noo-loy poh-roh-see-neh tee-meh on-line?)

367. What's the delivery time for online purchases?
Sa kohë është koha e dorëzimit për blerjet online?
(Sah koh-uh ush-tuh koh-hah eh doh-reh-zee-meet pehr blehr-yet on-line?)

> "Në fund të tunelit gjithmonë ka dritë."
> **"At the end of the tunnel, there is always light."**
> *This quote suggests hope ensures positive outcomes despite challenges.*

Cross Word Puzzle: Shopping

(Provide the English translation for the following Albanian words)

Down

1. - PORTOFOL
3. - FATURA
4. - BLERJE
5. - BUTIK
8. - ZBRITJE
10. - KARROCA E BLERJEVE

Across

2. - KLIENTI
3. - SHPORTA
6. - VESHJE
7. - ÇMIMI
9. - KASIERI
11. - MARKA

Correct Answers:

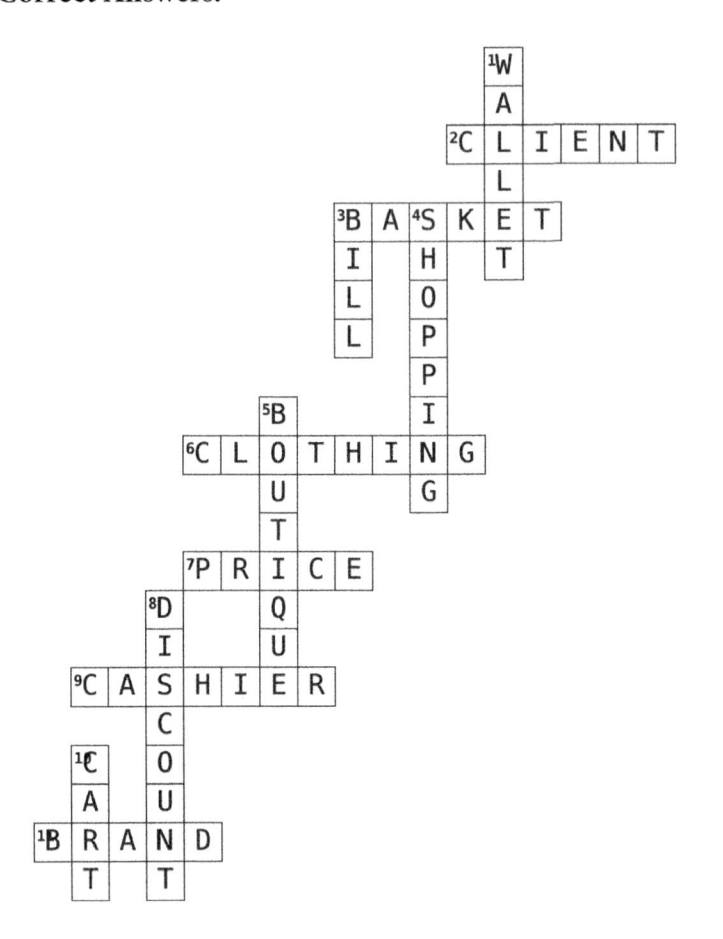

								¹W				
								A				
							²C	L	I	E	N	T
								L				
				³B	A	⁴S	K	E	T			
				I		H		T				
				L		O						
				L		P						
						P						
			⁵B			I						
		⁶C	L	O	T	H	I	N	G			
			U					G				
			T									
		⁷P	R	I	C	E						
	⁸D		Q									
	I		U									
⁹C	A	S	H	I	E	R						
	C											
¹⁰C	O											
A	U											
¹¹B	R	A	N	D								
T	T											

88

EMERGENCIES

- SEEKING HELP IN CASE OF AN EMERGENCY -
- REPORTING ACCIDENTS OR HEALTH ISSUES -
- CONTACTING AUTHORITIES OR MEDICAL SERVICES -

Getting Help in Emergencies

368. Call an ambulance, please.
Thirrni një ambulancë, ju lutem.
(Thee-rnee nyuh ahm-boo-lahn-tsuh, yoo loo-tehm.)

> **Language Learning Tip:** Set Realistic Goals - Break your learning into manageable, specific goals.

369. I need a doctor right away.
Kam nevojë për një doktor menjëherë.
(Kahm neh-voh-jeh pur nyuh dohk-tohr mehn-jeh-heh-reh.)

370. Is there a hospital nearby?
A ka një spital afër?
(Ah kah nyuh spee-tahl ah-fuhr?)

371. Help! I've lost my way.
Ndihmë! Kam humbur rrugën.
(Ndee-hmuh! Kahm hoom-boor rroo-guhn.)

372. Can you call the police?
Mund të thërrisni policinë?
(Moond tuh thuh-rree-snee poh-lee-tsee-nuh?)

373. Someone, please call for help.
Dikush, ju lutem, thirrni për ndihmë.
(Dee-koosh, yoo loo-tehm, thee-rnee pur ndee-hmuh.)

374. My friend is hurt, we need assistance.
Shoku im është lënduar, kemi nevojë për ndihmë.
(Shoh-koo eem usht luhn-doo-ahr, keh-mee neh-voh-jeh pur ndee-hmuh.)

375. I've been robbed; I need the authorities.
Më kanë vjedhur; kam nevojë për autoritetet.
(Muh kah-neh vyeh-dhoor; kahm neh-voh-jeh pur ow-toh-ree-teh-teht.)

376. Please, I need immediate assistance.
Ju lutem, kam nevojë për ndihmë të menjëhershme.
(Yoo loo-tehm, kahm neh-voh-jeh pur ndee-hmuh tuh mehn-jeh-hehr-shmeh.)

377. Is there a fire station nearby?
A ka një stacion zjarrfikës afër?
(Ah kah nyuh stah-tsee-ohn zyahrr-fee-kuhs ah-fuhr?)

Reporting Incidents

378. I've witnessed an accident.
Kam parë një aksident.
(Kahm pah-ruh nyuh ahk-see-dehnt.)

379. There's been a car crash.
Ka ndodhur një aksident me makinë.
(Kah ndoh-dhoor nyuh ahk-see-dehnt meh mah-kee-nuh.)

380. We need to report a fire.
Duhet të raportojmë një zjarr.
(Doo-heht tuh rah-pohr-tohym nyuh zyahrr.)

381. Someone has stolen my wallet.
Dikush më ka vjedhur portofolin.
(Dee-koosh muh kah vyeh-dhoor pohr-toh-foh-leen.)

382. I need to report a lost passport.
Duhet të raportoj një pasaportë të humbur.
(Doo-het tuh rah-por-toy nyuh pah-sah-por-tuh tuh hoom-boor.)

383. There's a suspicious person here.
Ka një person të dyshimtë këtu.
(Kah nyuh per-son tuh dy-sheem-tuh kuh-too.)

384. I've found a lost child.
Kam gjetur një fëmijë të humbur.
(Kahm jeh-toor nyuh fuh-mee-yuh tuh hoom-boor.)

385. Can you help me report a missing person?
A mund të më ndihmoni të raportoj një person të zhdukur?
(Ah moond tuh muh ndeeh-moh-nee tuh rah-por-toy nyuh per-son tuh zh-doo-koor?)

386. We've had a break-in at our home.
Kemi pasur një thyerje në shtëpinë tonë.
(Keh-mee pah-soor nyuh thyeh-rjeh nuh shtuh-pee-nuh toh-nuh.)

387. I need to report a damaged vehicle.
Duhet të raportoj një automjet të dëmtuar.
(Doo-het tuh rah-por-toy nyuh ow-toh-myeh-tuh tuh duhm-too-ahr.)

Contacting Authorities

388. I'd like to speak to the police.
Dëshiroj të flas me policinë.
(Duh-shee-roj tuh flahs meh poh-lee-see-nuh.)

389. I need to contact the embassy.
Duhet të kontaktoj ambasadën.
(Doo-het tuh kohn-tahk-toy ahm-bah-sah-duhn.)

390. Can you connect me to the fire department?
A mund të më lidhni me zjarrfikëset?
(Ah moond tuh muh leedh-nee meh zhyahr-fee-keh-seht?)

391. We need to reach animal control.
Duhet të kontaktojmë kontrollin e kafshëve.
(Doo-het tuh kohn-tahk-toy-muh kohn-troh-leen eh kahf-sheh-veh.)

392. How do I get in touch with the coast guard?
Si të kontaktoj rojet bregdetare?
(See tuh kohn-tahk-toy roh-yeht brehg-deh-tah-reh?)

393. I'd like to report a noise complaint.
Do të doja të raportoja një ankesë për zhurmë.
(Doh tuh doh-jah tuh rah-por-toh-jah nyuh ahn-keh-suh pur zhoo-rmuh.)

394. I need to contact child protective services.
Duhet të kontaktoj shërbimet mbrojtëse për fëmijët.
(Doo-het tuh kohn-tahk-toy shuhr-bee-met m-broh-jteh-seh pur fuh-mee-yet.)

395. Is there a hotline for disaster relief?
A ka një linjë të nxehtë për ndihmën në katastrofa?
(Ah kah nyuh leen-juh tuh n'zheh-tuh pur ndeeh-muhn n' kah-tah-stroh-fah?)

> **Fun Fact:** The currency of Albania is called the Lek, named after Alexander the Great (Leka i Madh in Albanian).

396. I want to report a hazardous situation.
Dua të raportoj një situatë të rrezikshme.
(Doo-ah tuh rah-por-toy nyuh see-too-ah-tuh tuh rr-e-zik-shmeh.)

397. I need to reach the environmental agency.
Duhet të kontaktoj agjencinë mjedisore.
(Doo-het tuh kohn-tahk-toy ah-jen-tsee-neh mye-dih-soh-reh.)

> **Travel Story:** Near the mystical springs of Blue Eye, a guide philosophized, "Uji është syri i natyrës," meaning "Water is the eye of nature," reflecting on the natural beauty of Albania.

Medical Emergencies

398. I'm feeling very ill.
Ndihem shumë keq.
(N-dee-hem shoo-muh kek.)

399. There's been an accident; we need a medic.
Ka ndodhur një aksident; na duhet një mjek.
(Kah ndoh-dhoor nyuh ahk-see-dent; nah doo-het nyuh myek.)

400. Call 112; it's a medical emergency.
Telefononi 112; është një emergjencë mjekësore.
(Te-le-fo-no-nee 112; esh-tuh nyuh e-mer-jen-suh mye-kë-sor-eh.)

> **Fun Fact:** The concept of "besa" is central to Albanian culture, signifying a pledge of honor and a promise that must not be broken.

401. We need an ambulance right away.
Na duhet menjëherë një ambulancë.
(Nah doo-het men-jë-he-rë nyuh ahm-boo-lan-suh.)

402. I'm having trouble breathing.
Kam vështirësi të marr frymë.
(Kahm vuh-shtih-rë-see tuh mahr fry-muh.)

403. Someone has lost consciousness.
Dikush ka humbur ndërgjegjen.
(Dee-koosh kah hoom-boor ndehr-jeg-jen.)

404. I think it's a heart attack; call for help.
Mendoj se është një sulm në zemër; thërrisni për ndihmë.
(Men-doy seh esh-tuh nyuh soolm n' zeh-mehr; thuh-rris-nee pur ndeehm.)

405. There's been a severe injury.
Ka ndodhur një lëndim i rëndë.
(Kah ndoh-dhoor nyuh lën-dim ee rën-dë.)

406. I need immediate medical attention.
Kam nevojë për ndihmë mjekësore të menjëhershme.
(Kahm neh-voy pur ndeehm mye-kë-sor-eh tuh men-jë-hersh-meh.)

407. Is there a first-aid station nearby?
A ka një stacion të parë ndihmës afër?
(Ah kah nyuh sta-tsee-on tuh pah-rë ndeehm-s ah-fur?)

> **Idiomatic Expression:** "Të jesh në shtatë qiell."
> Meaning: "To be extremely happy."
> (Literal translation: "To be in seven skies.")

Fire and Safety

408. There's a fire; call 112!
 Ka zjarr; thirrni 112!
 (Kah z-yahr; thee-rnee 112!)

409. We need to evacuate the building.
 Duhet të evakuojmë ndërtesën.
 (Doo-het tuh eh-vah-koo-oym neh-dehr-teh-suhn.)

410. Fire extinguisher, quick!
 Fikës zjarri, shpejt!
 (Fee-kuhs z-yah-rree, shpeyt!)

411. I smell gas; we need to leave.
 Ndjej gaz; duhet të largohemi.
 (N-deey gaz; doo-het tuh lah-r-goh-heh-mee.)

> **Fun Fact:** The country is known for its extensive network of castles and fortresses, reflecting its historical significance as a crossroads of various empires.

412. Can you contact the fire department?
 Mund të kontaktoni zjarrfikësen?
 (Moond tuh kohn-tahk-toh-nee z-yahrr-fee-kuh-sehn?)

413. There's a hazardous spill; we need help.
 Ka derdhje të rrezikshme; na duhet ndihmë.
 (Kah dehr-dhyeh tuh rr-e-zik-shmeh; nah doo-het ndeehm.)

414. Is there a fire escape route?
 A ka rrugë evakuimi nga zjarri?
 (Ah kah rr-oo-guh eh-vah-koo-ee-mee ngah z-yah-rree?)

415. This area is not safe; we need to move.
Kjo zonë nuk është e sigurt; duhet të lëvizim.
(Kyo zoh-neh nook esh-tuh eh see-goo-rt; doo-het tuh luh-vih-zim.)

416. Alert, there's a potential explosion.
Alarm, ka rrezik për shpërthim.
(Ahl-arm, kah rr-e-zik pur shpuhr-theem.)

417. I see smoke; we need assistance.
Shoh tym; na duhet ndihmë.
(Shoh teem; nah doo-het ndeehm.)

Natural Disasters

418. It's an earthquake; take cover!
Është tërmet; mbulohuni!
(Esh-tuh tuhr-met; m-boo-loh-hoo-nee!)

419. We're experiencing a tornado; find shelter.
Po përjetojmë një tornado; gjeni strehë.
(Poh pur-yeh-toym nyuh tor-nah-doh; jeh-nee streh-huh.)

420. Flood warning; move to higher ground.
Paralajmërim për përmbytje; lëvizni drejt terreneve më të larta.
(Pah-rah-lahy-muh-rihm pur pur-mby-tsyeh; luh-vihz-nee drehjt teh-rreh-neh-veh meh tuh lah-rtah.)

421. We need to prepare for a hurricane.
Duhet të përgatitemi për një uragan.
(Doo-het tuh pur-gah-tee-mee pur nyuh oo-rah-gahn.)

422. This is a tsunami alert; head inland.
Ky është një paralajmërim për cunami; shkoni drejt brendisë.
(Kee esht njuh pah-rah-lahy-muh-rim pur tsoo-nah-mee; shkoh-nee dreh-jt brehn-dee-suh.)

> **Fun Fact:** Albanians nod their head up and down to mean "no" and shake it side to side for "yes," which can be confusing for foreigners.

423. It's a wildfire; evacuate immediately.
Është një zjarr i egër; evakuoni menjëherë.
(Esht njuh z-yahr ee eh-jehr; eh-vah-koo-oh-nee men-yeh-heh-reh.)

424. There's a volcanic eruption; take precautions.
Ka shpërthim vullkanik; ndërmerrni masa parandaluese.
(Kah shpuhr-theem vool-kah-neek; nduhr-merr-nee mah-sah pah-rahn-dah-loo-eh-seh.)

425. We've had an avalanche; help needed.
Ka ndodhur një lavinë; nevojitet ndihmë.
(Kah ndoh-dhoor njuh lah-vee-neh; neh-voh-jee-teht ndeeh-muh.)

426. Earthquake aftershock; stay indoors.
Lëkundje pas tërmetit; qëndroni brenda.
(Luh-koond-jeh pahs tuhr-meh-teet; chuhn-droh-nee brehn-dah.)

427. Severe thunderstorm; seek shelter.
Stuhi e fortë me rrufe; kërkoni strehim.
(Stoo-hee eh for-tuh meh rr-oo-feh; kuh-rkoh-nee streh-heem.)

Emergency Services Information

428. What's the emergency hotline number?
Cili është numri i linjës së ndihmës për emergjenca?
(See-lee esht num-ree ee leen-juh suh ndeeh-muhs pur ehm-ehr-jen-tsah?)

429. Where's the nearest police station?
Ku është stacioni më i afërt i policisë?
(Koo esht stah-tsee-oh-nee muh ee ah-fehrt ee poh-lee-see?)

430. How do I contact the fire department?
Si të kontaktoj departamentin e zjarrfikësve?
(See tuh kohn-tahk-toy deh-pahr-tah-mehn-teen eh z-yahr-fee-ksveh?)

431. Is there a hospital nearby?
A ka një spital pranë?
(Ah kah njuh spee-tahl prah-neh?)

432. What's the number for poison control?
Cili është numri për kontrollin e helmeve?
(See-lee esht num-ree pur kohn-troh-leen eh hehl-meh-veh?)

433. Where can I find a disaster relief center?
Ku mund të gjej një qendër për lehtësimin e katastrofave?
(Koo moond tuh gjay njuh chen-duhr pur leh-htuh-see-meen eh kah-tah-stroh-fah-veh?)

> **Fun Fact:** The Albanian word for "yes," "po," is similar to the Slavic languages, while "jo" for "no" is uniquely Albanian.

434. What's the local emergency radio station?
Cila është stacioni lokal i radios për situata emergjente?
(Tsee-lah esh-tuh stah-tsee-oh-nee loh-kahl ee rah-dee-ohs pur see-too-ah-tah ehm-ehr-jen-teh?)

435. Are there any shelters in the area?
A ka ndonjë strehë në këtë zonë?
(Ah kah ndohn-yuh streh-uh nuh kuh-tuh zoh-nuh?)

436. Who do I call for road assistance?
Kush të telefonoj për ndihmë në rrugë?
(Koosh tuh teh-leh-foh-noy pur ndeehm nuh rroo-guh?)

437. How can I reach search and rescue teams?
Si mund të kontaktoj ekipet e kërkimit dhe shpëtimit?
(See moond tuh kohn-tahk-toy eh-keep-et eh kuh-rkee-meet dhe shpuh-tee-meet?)

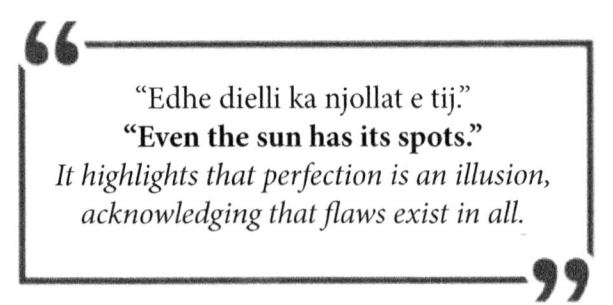

> "Edhe dielli ka njollat e tij."
> **"Even the sun has its spots."**
> *It highlights that perfection is an illusion, acknowledging that flaws exist in all.*

Interactive Challenge: Emergencies Quiz

1. How do you say "emergency" in Albanian?

    a) Mollë
    b) Emergjencë
    c) Djathë
    d) Plazh

2. What's the Albanian word for "ambulance"?

    a) Makinë
    b) Biçikletë
    c) Ambulancë
    d) Shkollë

3. If you need immediate medical attention, what should you say in Albanian?

    a) Më duhet bukë
    b) Ku është stacioni i metrosë?
    c) Më duhet ndihmë mjekësore menjëherë

4. How do you ask "Is there a hospital nearby?" in Albanian?

    a) Ku është kinemaja?
    b) A keni një stilolaps?
    c) A ka një spital afër këtu?

5. What's the Albanian word for "police"?

    a) Mollë
    b) Policia
    c) Tren

6. How do you say "fire" in Albanian?

    a) Diell
    b) Qen
    c) Zjarr
    d) Libër

7. If you've witnessed an accident, what phrase can you use in Albanian?

    a) Më duhet çokollatë
    b) Pashë një aksident
    c) Më pëlqejnë lulet
    d) Kjo është shtëpia ime

8. What's the Albanian word for "help"?

    a) Mirupafshim
    b) Mirëmëngjes
    c) Faleminderit
    d) Ndihmë

9. How would you say "I've been robbed; I need the authorities" in Albanian?

    a) Hëngra djathë
    b) Më kanë grabitur; më duhen autoritetet
    c) Kjo është një mal i bukur

10. How do you ask "Can you call an ambulance, please?" in Albanian?

    a) A mund të porosisni një taksi, ju lutem?
    b) A mund të më jepni kripë?
    c) A mund të thërrisni një ambulancë, ju lutem?

11. What's the Albanian word for "emergency services"?

    a) Shërbimet e emergjencës
    b) Tortë e shijshme
    c) E lehtë

12. How do you say "reporting an accident" in Albanian?

    a) Këndoj
    b) Lexoj një libër
    c) Raportoj një aksident

13. If you need to contact the fire department, what should you say in Albanian?

    a) Si të shkoj në bibliotekë?
    b) Më duhet të kontaktoj zjarrfikëset
    c) Po kërkoj shokun tim

14. What's the Albanian word for "urgent"?

    a) I vogël
    b) I bukur
    c) I shpejtë
    d) Urgjent

15. How do you ask for the nearest police station in Albanian?

    a) Ku është furrë më e afërt?
    b) Ku është stacioni më i afërt i policisë?
    c) A keni një hartë?
    d) Sa është ora?

Correct Answers:

1. b)
2. c)
3. c)
4. c)
5. b)
6. c)
7. b)
8. d)
9. b)
10. c)
11. a)
12. c)
13. b)
14. d)
15. b)

EVERYDAY CONVERSATIONS

- SMALL TALK AND CASUAL CONVERSATIONS -
- DISCUSSING THE WEATHER, HOBBIES, AND INTERESTS -
- MAKING PLANS WITH FRIENDS OR ACQUAINTANCES -

Small Talk

438. How's it going?
Si po shkon?
(See poh shkohn?)

439. Nice weather we're having, isn't it?
Moti është i bukur, apo jo?
(Moh-tee esh-teh ee boo-koor, ah-po yoh?)

440. Have any exciting plans for the weekend?
Ke ndonjë plan emocionues për fundjavën?
(Keh ndohn-yeh plahn eh-moh-tsee-oh-nues pur fund-yah-vehn?)

441. Did you catch that new movie?
A e pate atë filmin e ri?
(Ah eh pah-teh ah-teh feel-meen eh ree?)

442. How's your day been so far?
Si ka qenë dita jote deri më tani?
(See kah qeh-neh dee-tah yoh-teh deh-ree meh tah-nee?)

443. What do you do for work?
Çfarë bën për punë?
(Chfah-reh behn pur poo-neh?)

444. Do you come here often?
A vjen këtu shpesh?
(Ah vyen kuh-too shpehsh?)

445. Have you tried the food at this place before?
A ke provuar ushqimin këtu më parë?
(Ah keh proh-voo-ar oosh-qee-meen kuh-too meh pah-reh?)

446. Any recommendations for things to do in town?
Ke ndonjë rekomandim për gjëra për të bërë në qytet?
(Keh ndohn-yeh reh-koh-mahn-deem pur geh-rah pur teh behr neh chy-teht?)

447. Do you follow any sports teams?
A ndjek ndonjë ekip sportiv?
(Ah ndyehk ndohn-yeh eh-keep spor-teev?)

448. Have you traveled anywhere interesting lately?
A ke udhëtuar diku interesant së fundmi?
(Ah keh ooh-dheh-too-ar dee-koo in-teh-reh-sahnt suh foon-dmee?)

449. Do you enjoy cooking?
A të pëlqen të gatuash?
(Ah tuh puhl-chen tuh gah-too-ash?)

> **Travel Story:** During a cooking class in Vlorë, a chef advised, "Gatuaj me dashuri," which translates to "Cook with love," emphasizing the passion behind Albanian cuisine.

Casual Conversations

450. What's your favorite type of music?
Cili është lloji yt i preferuar i muzikës?
(Tsee-lee esh-teh lloy-eet ee preh-feh-roo-ar ee moo-zee-kehs?)

> **Fun Fact:** Albania celebrates its Independence Day on November 28th, marking its independence from the Ottoman Empire in 1912.

451. How do you like to spend your free time?
Si preferon të kalosh kohën tënde të lirë?
(See preh-feh-ron tuh kah-losh koh-en ten-deh tuh leer?)

452. Do you have any pets?
A ke ndonjë kafshë shtëpie?
(Ah keh ndon-yeh kahf-sheh shteh-pee-eh?)

453. Where did you grow up?
Ku u rritë?
(Koo oo rree-teh?)

454. What's your family like?
Si është familja jote?
(See esht fah-meel-ja yoh-teh?)

455. Are you a morning person or a night owl?
A je njeri i mëngjesit apo i natës?
(Ah yeh nyeh-ree ee meng-jees-it ah-po ee nah-tehs?)

456. Do you prefer coffee or tea?
Preferon kafe apo çaj?
(Preh-feh-ron kah-feh ah-po chahj?)

457. Are you into any TV shows right now?
A ndjek ndonjë serial televiziv aktualisht?
(Ah ndyehk ndon-yeh seh-ree-ahl teh-leh-vee-zeev ahk-too-ahl-isht?)

> **Idiomatic Expression:** "Të gjesh agimin me duar."
> Meaning: "To work very hard from early morning."
> (Literal translation: "To find the dawn with hands.")

458. What's the last book you read?
Cila është libri i fundit që ke lexuar?
(Tsee-lah esht lee-bree ee foon-deet cheh keh leh-xoo-ar?)

459. Do you like to travel?
A të pëlqen të udhëtosh?
(Ah tuh puhl-chen tuh oo-dheh-tosh?)

460. Are you a fan of outdoor activities?
A je fan i aktiviteteve në natyrë?
(Ah yeh fahn ee ak-tee-vee-teh-veh neh nah-tyuh-reh?)

461. How do you unwind after a long day?
Si çlodhesh pas një dite të gjatë?
(See chloh-dhesh pahs nyeh dee-teh teh gya-teh?)

Discussing the Weather

462. Can you believe this heat/cold?
A mund ta besosh këtë nxehtësi/ftohtësi?
(Ah moon-dah tah beh-sohsh keh-teh nxeht-see/ftoht-see?)

463. I heard it's going to rain all week.
Kam dëgjuar se do të bjerë shi gjithë javën.
(Kahm deh-gyoo-ar seh doh teh byeh-reh shee gee-theh yah-vehn.)

464. What's the temperature like today?
Si është temperatura sot?
(See esht teh-mpeh-raa-too-rah soht?)

465. Do you like sunny or cloudy days better?
 Preferon ditë me diell apo ditë me re?
 (Preh-feh-ron dee-teh meh dee-el ah-po dee-teh meh reh?)

466. Have you ever seen a snowstorm like this?
 A ke parë ndonjëherë një stuhitë bore si kjo?
 (Ah keh pah-reh ndon-jeh-heh-reh nyuh stoo-hee-tuh boh-reh see kjo?)

467. Is it always this humid here?
 A është gjithmonë kaq i lagësht këtu?
 (Ah esh-teh gee-thmo-neh kaq ee lah-gesht keh-too?)

468. Did you get caught in that thunderstorm yesterday?
 A u zure në atë stuhi rrufeje dje?
 (Ah oo zoo-reh neh ah-teh stoo-hee rroo-feh-yeh dje?)

469. What's the weather like in your hometown?
 Si është moti në vendlindjen tënde?
 (See esh-teh moh-tee neh vend-lind-jen ten-deh?)

470. I can't stand the wind; how about you?
 Nuk duroj dot erën; po ti?
 (Nook doo-roj doht eh-ren; po tee?)

471. Is it true the winters here are mild?
 A është e vërtetë që dimrat këtu janë të butë?
 (Ah esh-teh eh ver-teh-teh cheh dee-mrat keh-too yah-neh teh boo-teh?)

472. Do you like beach weather?
A të pëlqen moti i plazhit?
(Ah teh pell-chen moh-tee ee plahz-heet?)

473. How do you cope with the humidity in summer?
Si përballon lagështirën në verë?
(See pehr-bah-lon lah-geshtee-ren neh veh-reh?)

Hobbies

474. What are your hobbies or interests?
Cilat janë hobi ose interesat e tua?
(Tsee-lat yah-neh hoh-bee oh-seh in-teh-rahs-at eh too-ah?)

475. Do you play any musical instruments?
A luajnë ndonjë instrument muzikor?
(Ah loo-ah-nyeh ndon-jeh in-stroo-ment moo-zee-kor?)

476. Have you ever tried painting or drawing?
A ke provuar ndonjëherë të pikturosh apo të vizatosh?
(Ah keh pro-voo-ar ndon-jeh-heh-reh teh peek-too-rosh apo teh vee-za-tosh?)

477. Are you a fan of sports?
A je fan i sporteve?
(Ah yeh fan ee spohr-teh-veh?)

478. Do you enjoy cooking or baking?
A të pëlqen të gatuash apo të piqesh?
(Ah teh pell-chen teh gah-too-ash apo teh pee-kesh?)

479. Are you into photography?
A të pëlqen fotografia?
(Ah teh pel-chen foh-toh-grah-fee-ah?)

480. Have you ever tried gardening?
A ke provuar ndonjëherë kopshtarinë?
(Ah keh proh-voo-ar ndon-jë-heh-reh kopsht-ah-ree-neh?)

481. Do you like to read in your free time?
A të pëlqen të lexosh në kohën tënde të lirë?
(Ah teh pel-chen teh lek-sohsh në koh-ën tën-deh të lee-rë?)

482. Have you explored any new hobbies lately?
A ke hulumtuar ndonjë hobi të ri së fundmi?
(Ah keh hoo-loom-too-ar ndon-jë hoh-bee teh ree së foon-dmee?)

483. Are you a collector of anything?
A je koleksionist i diçkaje?
(Ah yeh koh-lek-sion-ist ee dih-cha-ye?)

484. Do you like to watch movies or TV shows?
A të pëlqen të shikosh filma apo seriale?
(Ah teh pel-chen teh shi-kosh feel-mah ah-po seh-ree-ah-leh?)

485. Have you ever taken up a craft project?
A ke ndërmarrë ndonjëherë një projekt zanati?
(Ah keh ndër-mar-rë ndon-jë-heh-reh nyuh proh-jekt zah-nah-tee?)

> **Idiomatic Expression:** "Të fshihesh si miu."
> Meaning: "To disappear quietly or sneakily."
> (Literal translation: "To hide like a mouse.")

Interests

486. What topics are you passionate about?
Për çfarë temash je i/e apasionuar?
(Për ch-fah-reh teh-mash yeh ee/eh ah-pah-sion-oo-ar?)

487. Are you involved in any social causes?
A je i/e përfshirë në ndonjë çështje sociale?
(Ah yeh ee/eh përf-shee-rë në ndon-jë chësht-jeh soh-tsi-ah-leh?)

488. Do you enjoy learning new languages?
A të pëlqen të mësosh gjuhë të reja?
(Ah teh pel-chen të më-sohsh gyoo-hë të reh-ya?)

489. Are you into fitness or wellness?
A të pëlqen fitnesi apo mirëqenia?
(Ah teh pel-chen fit-ne-see ah-po mee-rë-qeh-nee-ah?)

490. Are you a technology enthusiast?
A je entuziast i teknologjisë?
(Ah yeh en-too-zee-ast ee tek-noh-loh-jee-së?)

491. What's your favorite genre of books or movies?
Cili është zhanri yt i preferuar i librave apo filmave?
(Tsee-lee esh-teh zhan-ree yt ee preh-feh-roo-ar ee lee-brah-veh ah-po feel-mah-veh?)

492. Do you follow current events or politics?
A ndjekësh ngjarjet aktuale apo politikën?
(Ah ndye-kësh ngyar-yet ak-too-ah-leh ah-po poh-lee-tee-kën?)

493. Are you into fashion or design?
A të pëlqen moda ose dizajni?
(Ah tuh puhl-ken moh-dah oh-seh dee-zah-yee?)

494. Are you a history buff?
A je pasionant i historisë?
(Ah yeh pah-syon-ant ee his-toh-ree-suh?)

495. Have you ever been involved in volunteer work?
A ke marrë pjesë ndonjëherë në punë vullnetare?
(Ah keh mah-reh pje-seh ndon-jë-he-reh neh poon veh-ool-ne-tah-reh?)

496. Are you passionate about cooking or food culture?
A je i/e pasionuar për gatim ose kulturën e ushqimit?
(Ah yeh ee pah-syon-oo-ar puhrr gah-teem oh-seh kool-too-ren eh oosh-kee-meet?)

497. Are you an advocate for any specific hobbies or interests?
A mbrojtës për ndonjë hobi ose interes specifik je?
(Ah m-broh-tës puhrr ndon-jë ho-bee oh-seh in-teh-res speh-cih-feek yeh?)

> **Idiomatic Expression:** "Nuk bën dot gjëmën syri."
> Meaning: "Can't sleep a wink."
> (Literal translation: "Can't do the eye's knot.")

Making Plans

498. Would you like to grab a coffee sometime?
Do të donte të pinim një kafe ndonjëherë?
(Doh tuh dohn-teh tuh pee-neem nyuh kah-feh ndon-jë-he-reh?)

499. Let's plan a dinner outing this weekend.
Le të planifikojmë një dalje për darkë këtë fundjavë.
(Leh tuh plah-nee-fee-koh-ym nyuh dah-lyeh puhrr dah-rkë kuh-të foon-jah-vë.)

500. How about going to a movie on Friday night?
Çfarë thua për të shkuar në një film të premten në mbrëmje?
(Ch-fah-reh thoo-ah puhrr tuh shkoo-ar në nyuh feelm tuh prehm-ten në mm-brehm-yeh?)

501. Do you want to join us for a hike next weekend?
Dëshiron të bashkohesh me ne për një ecje në natyrë fundjavën e ardhshme?
(Duh-shee-ron tuh bah-shkoh-esh meh neh puhrr nyuh e-cheh në nah-tyr foon-jah-vën eh ardh-shmeh?)

502. We should organize a game night soon.
Duhet të organizojmë një mbrëmje lojërash së shpejti.
(Doo-et tuh or-gah-nee-zoh-ym nyuh mm-brehm-yeh lo-yë-rash së shpeh-ytee.)

503. Let's catch up over lunch next week.
Le të përshëndetemi gjatë drekës javën e ardhshme.
(Leh tuh puhrr-shën-deh-teh-mee jah-teh dreh-kehs jah-vën eh ardh-shmeh.)

504. Would you be interested in a shopping trip?
A do të ishe i/e interesuar për një udhëtim blerjesh?
(Ah doh tuh ee-sheh ee in-teh-reh-soo-ar puhrr nyuh oo-dhuh-teem blehr-yesh?)

505. I'm thinking of visiting the museum; care to join?
Po mendoj të vizitoj muzeun; do të doje të bashkohesh?
(Poh mehn-doy tuh vee-zee-toy moo-zeh-oon; doh tuh doh-yeh tuh bah-shkoh-esh?)

506. How about a picnic in the park?
Çfarë thua për një piknik në park?
(Tchar-fah thoo-ah pehr nyeh peek-neek neh park?)

> **Fun Fact:** The national dish of Albania is Tavë Kosi, a baked lamb and yogurt dish.

507. Let's get together for a study session.
Të mblidhemi për një seancë studimi.
(Teh mbli-dheh-mee pehr nyeh se-ahn-tcheh stoo-dee-mee.)

508. We should plan a beach day this summer.
Duhet të planifikojmë një ditë në plazh këtë verë.
(Doo-het teh pla-nee-fee-kohym nyeh dee-teh neh plahzh keh-teh veh-reh.)

509. Want to come over for a barbecue at my place?
Dëshiron të vish për një barbekju tek unë?
(Deh-shee-rohn teh veesh pehr nyeh bar-bek-yoo tek oo-neh?)

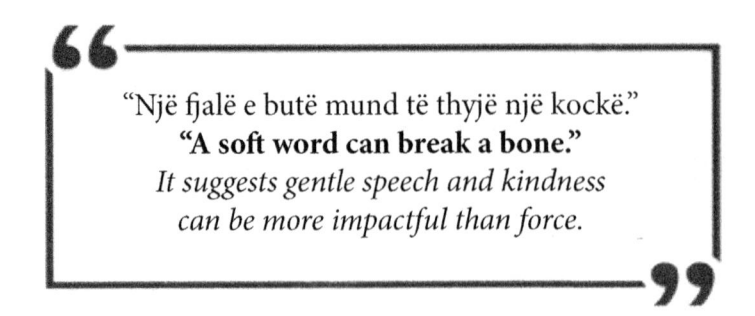

> "Një fjalë e butë mund të thyjë një kockë."
> **"A soft word can break a bone."**
> *It suggests gentle speech and kindness can be more impactful than force.*

Interactive Challenge: Everyday Conversations
(Link each English word with their corresponding meaning in Albanian)

1) Conversation — Përgjigje

2) Greeting — Bisedë e Lehtë

3) Question — Gjuhë

4) Answer — Fjalim

5) Salutation — Pyetje

6) Communication — Bisedë

7) Dialogue — Diskutim

8) Small Talk — Përshëndetje

9) Discussion — Shprehje

10) Speech — Shkëmbim Mendimesh

11) Language — Dialog

12) Exchange of Opinions — Ndërrim Ideash

13) Expression — Komunikim

14) Casual Conversation — Salutim

15) Sharing Ideas — Bisedë e Përditshme

Correct Answers:

1. Conversation - Bisedë
2. Greeting - Përshëndetje
3. Question - Pyetje
4. Answer - Përgjigje
5. Salutation - Salutim
6. Communication - Komunikim
7. Dialogue - Dialog
8. Small Talk - Bisedë e Lehtë
9. Discussion - Diskutim
10. Speech - Fjalim
11. Language - Gjuhë
12. Exchange of Opinions - Shkëmbim Mendimesh
13. Expression - Shprehje
14. Casual Conversation - Bisedë e Përditshme
15. Sharing Ideas - Ndërrim Ideash

BUSINESS & WORK

- INTRODUCING YOURSELF IN A PROFESSIONAL SETTING -
- DISCUSSING WORK-RELATED TOPICS -
- NEGOTIATING BUSINESS DEALS OR CONTRACTS -

Professional Introductions

510. Hi, I'm [Your Name].
 Përshëndetje, unë jam [Emri Juaj].
 (Pur-shen-det-yeh, oo-neh yam [Em-ree Yoo-ay].)

511. What do you do for a living?
 Çfarë bëni për jetesë?
 (Tchar-fah beh-nee pur yeh-teh-seh?)

512. What's your role in the company?
 Cila është roli juaj në kompani?
 (Tsee-lah esh-teh roh-lee yoo-ay neh kom-pah-nee?)

513. Can you tell me about your background?
 Mund të më tregoni për përvojën tuaj?
 (Moond teh muh tre-goh-nee pur pur-voh-yen too-ay?)

514. Are you familiar with our team?
 A jeni të njohur me ekipin tonë?
 (A yeh-nee teh nyo-hoor meh eh-keep-een toh-neh?)

515. May I introduce myself?
 A mundem të prezantoj veten?
 (A moon-dem teh preh-zan-toy veh-ten?)

516. I work in [Your Department].
 Unë punoj në [Departamenti Juaj].
 (Oo-neh poo-noy neh [Deh-par-tah-men-tee Yoo-ay].)

517. How long have you been with the company?
 Sa kohë keni qenë në kompani?
 (Sah koh-heh keh-nee cheh-neh neh kom-pah-nee?)

518. This is my colleague, [Colleague's Name].
Ky është kolegu im, [Emri i Kolegut].
(Kee esh-teh koh-leh-goo eem, [Em-ree ee Koh-leh-goot].)

519. Let me introduce you to our manager.
Le të ju prezantoj me menaxherin tonë.
(Leh teh yoo preh-zan-toy meh meh-nah-xheh-reen toh-neh.)

> **Travel Story:** At a traditional wedding in Durrës, guests cheered, "Gëzuar për jetën e re!" meaning "Cheers to the new life!" celebrating love and new beginnings.

Work Conversations

520. Can we discuss the project?
A mund të diskutojmë projektin?
(A moond teh dis-koo-toh-jmuh pro-yek-teen?)

521. Let's go over the details.
Të shqyrtojmë detajet.
(Teh shkyr-toh-jmuh deh-tah-yet.)

522. What's the agenda for the meeting?
Cila është axhenda e takimit?
(Tsee-lah esh-teh ah-zhen-dah eh tah-kee-meet?)

523. I'd like your input on this.
Do të dëshiroja mendimin tuaj për këtë.
(Doh teh deh-shee-roh-yah mehn-dee-meen too-ay pur keh-teh.)

524. We need to address this issue.
Ne duhet të trajtojmë këtë çështje.
(Neh doo-het teh try-toh-jmuh kuh-tuh chuh-sht-yeh.)

525. How's the project progressing?
Si po përparon projekti?
(See poh pur-pah-ron pro-yek-tee?)

526. Do you have any updates for me?
A keni ndonjë përditësim për mua?
(Ah keh-nee ndohn-yuh pur-dee-teh-seem pur moo-ah?)

527. Let's brainstorm some ideas.
Le të bëjmë një brainstorm për disa ide.
(Leh teh beh-jmuh nyuh brain-storm pur dee-sah ee-deh.)

528. Can we schedule a team meeting?
A mund të caktojmë një takim ekipi?
(Ah moond teh chak-toh-jmuh nyuh tah-keem eh-kee-pee?)

529. I'm open to suggestions.
Jam i hapur për sugjerime.
(Yahm ee hah-poor pur soo-gyeh-ree-meh.)

Business Negotiations

530. We need to negotiate the terms.
Ne duhet të negociojmë kushtet.
(Neh doo-het teh neh-go-tsee-oh-jmuh koosh-teht.)

531. What's your offer?
Cila është oferta juaj?
(Tsee-lah esh-teh oh-feh-rah yoo-ay?)

532. Can we find a middle ground?
A mund të gjejmë një mes të përbashkët?
(Ah moond teh gyeh-jmuh nyuh mess teh pur-bahsh-kuht?)

> **Idiomatic Expression:** "Të jesh si gurët e thatë."
> Meaning: "To be very stubborn or unyielding."
> (Literal translation: "To be like dry stones.")

533. Let's discuss the contract.
Le të diskutojmë kontratën.
(Leh teh dis-koo-toh-jmuh kon-traa-tuhn.)

534. Are you flexible on the price?
A jeni fleksibël për çmimin?
(Ah yeh-nee flek-see-buhl pur chmee-meen?)

535. I'd like to propose a deal.
Do të doja të propozoja një marrëveshje.
(Doh teh doh-yah teh pro-po-zoh-yah nyuh mah-rruh-veh-shyeh.)

536. We're interested in your terms.
Ne jemi të interesuar për kushtet tuaja.
(Neh yeh-mee teh in-teh-resoo-ahr pur koosh-teht too-ah-yah.)

537. Can we talk about the agreement?
A mund të flasim për marrëveshjen?
(Ah moond teh flah-seem pur mah-rruh-veh-shyen?)

> **Fun Fact:** Albania has one of Europe's longest histories of viticulture and produces many unique varieties of wine.

538. Let's work out the details.
Le të punojmë mbi detajet.
(Leh teh poo-noyme mbee deh-tah-yet.)

539. What are your conditions?
Cilat janë kushtet tuaja?
(Tsee-lat yah-neh koosh-teht too-ah-yah?)

540. We should reach a compromise.
Ne duhet të arrijmë një kompromis.
(Neh doo-het teh ah-rree-jmuh nyuh kom-proh-mees.)

> **Fun Fact:** The Albanian language has a unique term, "xhiro," which describes the evening stroll taken by locals.

Workplace Etiquette

541. Remember to be punctual.
Mos harroni të jeni në kohë.
(Mohs hah-roh-nee teh yeh-nee neh koh-huh.)

542. Always maintain a professional demeanor.
Gjithmonë ruajeni një sjellje profesionale.
(Jee-thmo-neh roo-ah-yeh-nee nyuh syeh-lyeh pro-feh-syo-nah-leh.)

543. Respect your colleagues' personal space.
Respektoni hapësirën personale të kolegëve tuaj.
(Rehs-pehk-toh-nee hah-puh-see-rehn per-so-nah-leh teh koh-leh-guhv too-ahy.)

> **Fun Fact:** Iso-polyphony, a traditional form of Albanian folk music, is a UNESCO Intangible Cultural Heritage.

544. Dress appropriately for the office.
Vishuni në mënyrë të përshtatshme për zyrën.
(Vee-shoo-nee neh muh-ny-rah teh pur-shtaht-shmeh pur zee-ruhn.)

545. Follow company policies and guidelines.
Ndiqni politikat dhe udhëzimet e kompanisë.
(Ndee-qnee poh-lee-tee-kat dhe oo-dhuh-zee-met eh kom-pah-nee-suh.)

546. Use respectful language in conversations.
Përdorni një gjuhë respektuese në biseda.
(Pur-dohr-nee nyuh gyoo-huh rehs-pehk-too-eh-seh neh bee-seh-dah.)

547. Keep your workspace organized.
Mbani vendin tuaj të punës të organizuar.
(Mbah-nee vehn-deen too-ahy teh poo-nes teh or-gah-nee-zoo-ahr.)

548. Be mindful of office noise levels.
Kini kujdes nga niveli i zhurmës në zyrë.
(Kee-nee koo-ydes ngah nee-veh-lee ee zhoor-muhs neh zee-ruh.)

549. Offer assistance when needed.
Ofroni ndihmë kur është e nevojshme.
(Oh-froh-nee n-dee-muh koor esh-teh eh neh-voysh-meh.)

550. Practice good hygiene at work.
Praktikoni higjienën e mirë në punë.
(Prahk-tee-koh-nee hee-jee-eh-nen eh meer neh poo-neh.)

551. Avoid office gossip and rumors.
Shmangni thashethemet dhe thashethemet në zyrë.
(Shmahn-gee tha-sheh-theh-met dhe ruh-moh-ret neh zee-ruh.)

Job Interviews

552. Tell me about yourself.
Trego mua për veten tënde.
(Treh-goh moo-ah pur veh-tehn tehn-deh.)

553. What are your strengths and weaknesses?
Cilat janë pikat e tua të forta dhe të dobëta?
(Tsee-lat yah-neh pee-kat eh too-ah teh for-tah dheh teh doh-beh-tah?)

554. Describe your relevant experience.
Përshkruaj përvojën tënde përkatëse.
(Pur-shkroo-ay pur-voy-ën tehn-deh pur-ka-tuh-seh.)

555. Why do you want to work here?
Pse dëshiron të punosh këtu?
(Pseh deh-shee-rohn teh poo-nohsh keh-too?)

556. Where do you see yourself in five years?
Ku e sheh veten tënde pas pesë vjetësh?
(Koo eh sheh veh-tehn tehn-deh pahs peh-seh vye-tehsh?)

557. How do you handle challenges at work?
Si menaxhon sfidat në punë?
(See meh-nahx-hon sfee-daht neh poo-neh?)

558. What interests you about this position?
Çfarë të intereson për këtë pozicion?
(Ch-fah-reh teh in-teh-reh-sohn pur keh-teh poh-zee-tsyon?)

559. Can you provide an example of your teamwork?
A mund të jepni një shembull të punës suaj në grup?
(Ah moond teh yehp-nee nyeh shehm-booll teh poo-nehs soo-eye neh groop?)

560. What motivates you in your career?
Çfarë të motivon në karrierën tënde?
(Ch-fah-reh teh moh-tee-von neh kah-rree-eh-ren tehn-deh?)

561. Do you have any questions for us?
A keni ndonjë pyetje për ne?
(Ah keh-nee ndohn-yeh pye-tyeh pur neh?)

562. Thank you for considering me for the role.
Faleminderit që më konsideruat për këtë rol.
(Fah-leh-meen-deh-rit cheh meh kohn-see-deh-roo-aht pur keh-teh rohl.)

Office Communication

563. Send me an email about it.
Dërgomë një email për këtë.
(Duhrgoh-muh nyeh e-mail pur keh-teh.)

564. Let's schedule a conference call.
Le të caktojmë një telefonatë konference.
(Leh teh cha-ktoymuh nyeh teh-leh-foh-nahteh kohn-feh-ren-tseh.)

565. Could you clarify your message?
Mund të sqaroni mesazhin tuaj?
(Moond teh skwa-roh-nee meh-sahzh-een too-eye?)

566. I'll forward the document to you.
 Do t'ju dërgoj dokumentin.
 (Doh tyoo derr-goy doh-koo-men-teen.)

567. Please reply to this message.
 Ju lutem, përgjigjuni kësaj mesazhi.
 (Yoo loo-tehm, purr-gyee-gyoo-nee keh-sai meh-sah-zhee.)

568. We should have a team meeting.
 Duhet të kemi një mbledhje ekipi.
 (Doo-het teh keh-mee nyuh mbleh-jeh eh-keep-ee.)

> **Idiomatic Expression:** "Si kush e si pa kush."
> Meaning: "To treat differently; favoritism."
> (Literal translation: "Like someone and like no one.")

569. Check your inbox for updates.
 Kontrolloni kutinë tuaj për përditësime.
 (Kohn-troh-loh-nee koo-teen tuh-eye pur purr-dee-see-meh.)

570. I'll copy you on the correspondence.
 Do t'ju përfshij në korrespondencën.
 (Doh tyoo purr-fshee nyuh kohr-rehs-pohn-den-tsen.)

571. I'll send you the meeting agenda.
 Do t'ju dërgoj axhendën e mbledhjes.
 (Doh tyoo derr-goy ah-zhend-en eh mbleh-jes.)

572. Use the internal messaging system.
 Përdorni sistemin e mesazheve të brendshme.
 (Purr-dohr-nee see-steh-meen eh meh-sah-zhehv teh brend-shmeh.)

573. Keep everyone in the loop.
Mbajtë të gjithë në dijeni për zhvillimet.
(Mbah-yteh teh gyee-theh neh dee-yeh-nee purr zhvee-llee-met.)

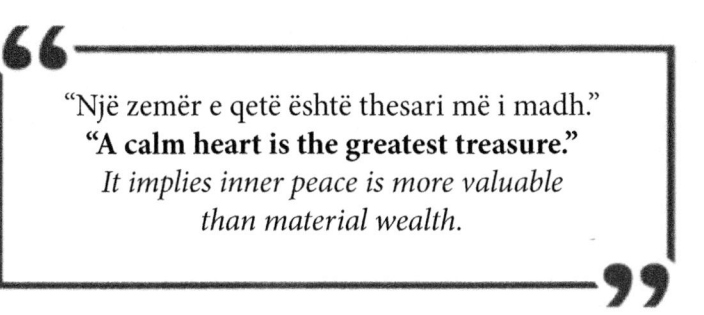

> "Një zemër e qetë është thesari më i madh."
> **"A calm heart is the greatest treasure."**
> *It implies inner peace is more valuable than material wealth.*

Cross Word Puzzle: Business & Work

(Provide the English translation for the following Albanian words)

Across

3. - TË ARDHURAT
4. - ZYRA
8. - PRODUKT
9. - PAGA
10. - PUNONJËS
12. - EKIP
13. - MARKETING
14. - KLIENT

Down

1. - PUNË
2. - SHËRBIM
5. - KONTRATË
6. - BIZNES
7. - PROJEKT
11. - DREJTUES

Correct Answers:

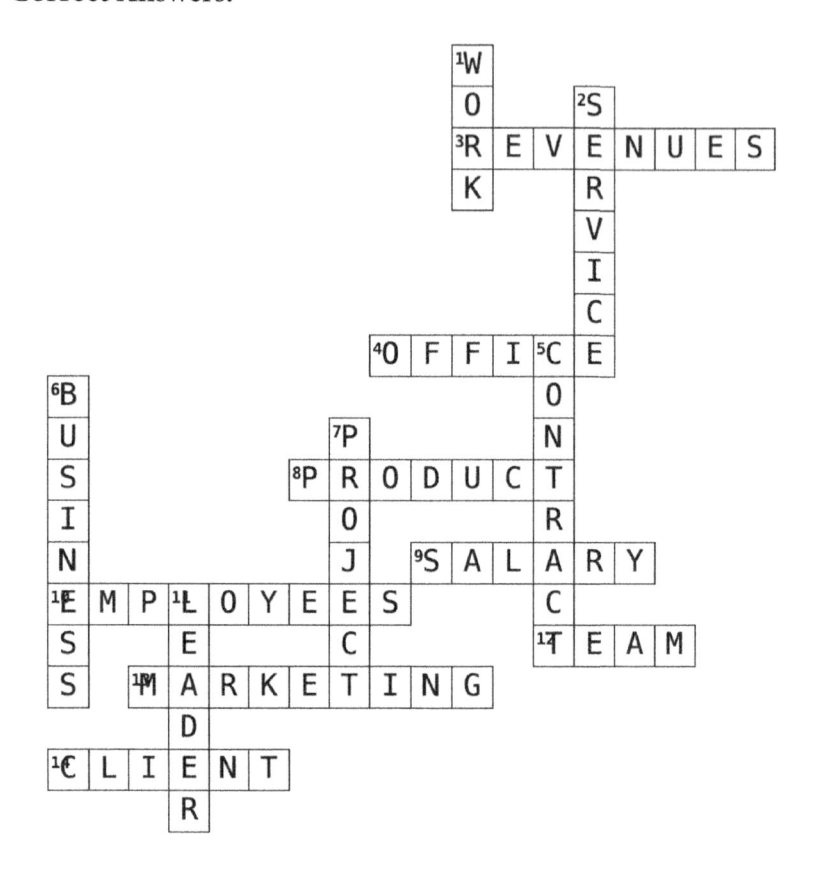

						¹W				
						O		²S		
						³R	E	V	E	N	U	E	S
						K		R		
								V		
								I		
								C		
					⁴O	F	F	I	⁵C	E
⁶B									O	
U				⁷P					N	
S			⁸P	R	O	D	U	C	T	
I				O					R	
N				J		⁹S	A	L	A	R	Y
¹⁰E	M	P	¹¹L	O	Y	E	E	S		C	
S		E		C					¹²T	E	A	M
S	¹³M	A	R	K	E	T	I	N	G	
	D									
¹⁴C	L	I	E	N	T					
	R									

132

EVENTS & ENTERTAINMENT

- BUYING TICKETS FOR CONCERTS, MOVIES OR EVENTS -
- DISCUSSING ENTERTAINMENT & LEISURE ACTIVITIES -
- EXPRESSING JOY OR DISAPPOINTMENT WITH AN EVENT -

Ticket Purchases

574. I'd like to buy two tickets for the concert.
Do të doja të blija dy bileta për koncertin.
(Doh tuh doh-yuh tuh blee-yuh dee bee-leh-tuh pehr kon-chair-teen.)

575. Can I get tickets for the movie tonight?
A mund të marr bileta për filmin sonte?
(Ah moond tuh mahr bee-leh-tuh pehr feel-meen sohn-teh?)

576. We need to book tickets for the upcoming event.
Na duhen bileta për ngjarjen që vjen.
(Nah doo-hen bee-leh-tuh pehr ngyar-yen chuh vyen.)

577. What's the price of admission?
Sa kushton hyrja?
(Sah koosh-tohn heer-yah?)

578. Do you offer any discounts for students?
A ofroni ndonjë zbritje për studentët?
(Ah oh-froh-nee ndohn-yuh z-bree-tyeh pehr stoo-den-tet?)

579. Are there any available seats for the matinee?
A ka vende të lira për matine?
(Ah kah vehn-deh tuh lee-rah pehr mah-tee-neh?)

580. How can I purchase tickets online?
Si mund të blej bileta në internet?
(See moond tuh blyeh bee-leh-tuh nuh een-tehr-neht?)

581. Is there a box office nearby?
A ka një biletari afër?
(Ah kah nyuh bee-leh-tah-ree ah-fehr?)

582. Are tickets refundable if I can't attend?
A mund të kthehen biletat nëse nuk mund të marr pjesë?
(Ah moond tuh ktheh-hen bee-leh-taht nee-seh nook moond tuh mahr pje-seh?)

583. Can I choose my seats for the show?
A mund të zgjedh vendet për shfaqjen?
(Ah moond tuh zg-yehdh vehn-det pehr sh-fah-yen?)

584. Can I reserve tickets for the theater?
A mund të rezervoj bileta për teatrin?
(Ah moond tuh reh-zehr-voy bee-leh-tuh pehr teh-ah-treen?)

585. How early should I buy event tickets?
Sa herët duhet të blej bileta për ngjarjen?
(Sah heh-rët doo-het tuh blyeh bee-leh-tuh pehr ngyar-yen?)

586. Are there any VIP packages available?
A ka paketa VIP të disponueshme?
(Ah kah pah-keh-tah VIP tuh dee-spo-noo-esh-meh?)

587. What's the seating arrangement like?
Si është rregullimi i ulëseve?
(See esht rreh-goo-lee-mee ee oo-leh-seh-veh?)

> **Idiomatic Expression:** "Si zogu mbi degë."
> Meaning: "To be carefree or without worries."
> (Literal translation: "Like the bird on the branch.")

588. Is there a family discount for the movie?
A ka zbritje për familjet për filmin?
(Ah kah z-bree-tyeh pehr fah-mee-lyet pehr feel-meen?)

589. I'd like to purchase tickets for my friends.
Do të doja të blija bileta për miqtë e mi.
(Doh tuh doh-yah tuh blee-yah bee-leh-tah pehr mee-ktuh eh mee.)

> **Fun Fact:** The country has more than 3,250 species of plants, which account for 30% of all flora in Europe.

590. Do they accept credit cards for tickets?
A pranohen kartat e kreditit për biletat?
(Ah prah-no-hen kahr-taht eh kreh-dee-teet pehr bee-leh-taht?)

591. Are there any age restrictions for entry?
A ka kufizime moshore për hyrjen?
(Ah kah koo-fee-zee-meh moh-shoh-reh pehr heer-yen?)

592. Can I exchange my ticket for a different date?
A mund ta ndërroj biletën për një datë tjetër?
(Ah moond tah ndeh-rroy bee-leh-tuhn pehr nyuh dah-tuh tyeh-tuhr?)

Leisure Activities

593. What do you feel like doing this weekend?
Çfarë do të donit të bënit këtë fundjavë?
(Ch-fah-ruh doh tuh doh-neet tuh buh-neet kuh-tuh foond-jah-vuh?)

594. Let's discuss our entertainment options.
Le të diskutojmë opsionet tona të argëtimit.
(Leh tuh dis-koo-toh-muh op-syo-net toh-nah tuh ar-guh-tee-meet.)

> **Fun Fact:** Albanian law dictates that all foreign words used in the language must be replaced with Albanian equivalents.

595. I'm planning a leisurely hike on Saturday.
Po planifikoj një shëtitje të qetë në shtunë.
(Poh pla-nee-fee-koy nyuh shuh-tee-tyeh tuh cheh-tuh nuh shtoo-neh.)

596. Do you enjoy outdoor activities like hiking?
A ju pëlqen aktivitetet në natyrë si shëtitjet?
(Ah yoo puhl-chen ak-tee-vee-teh-teht nuh nah-tyoo-ruh see shuh-tee-tyet?)

597. Have you ever tried indoor rock climbing?
A keni provuar ndonjëherë ngjitjen në shkëmb brenda?
(Ah keh-nee proh-voo-ar ndohn-yuh-heh-reh ngee-tyen nuh shkem brehn-dah?)

598. I'd like to explore some new hobbies.
Do të doja të eksploroja disa hobitë e reja.
(Doh tuh doh-yah tuh eks-ploh-roh-jah dee-sah hoh-bee teh reh-yah.)

599. What are your favorite pastimes?
Cilat janë hobi të preferuarat tuaja?
(Tsee-lat jah-neh hoh-bee tuh preh-feh-roo-ah-raht too-ah-jah?)

> **Fun Fact:** In Albanian mythology, the "Zana" are fairy-like creatures that protect the mountains.

600. Are there any interesting events in town?
A ka ngjarje interesante në qytet?
(Ah kah ng-yar-jeh in-te-re-san-teh neh chy-teht?)

601. Let's check out the local art exhibition.
Le të vizitojmë ekspozitën lokale të artit.
(Leh tuh vee-zee-toh-muh eks-poh-zee-tuhn loh-kah-leh teh ah-reet.)

602. How about attending a cooking class?
Çfarë thoni për të ndjekur një kurs gatimi?
(Ch-fah-reh tho-nee pehr tuh ndyeh-koor nyuh koors gah-tee-mee?)

603. Let's explore some new recreational activities.
Le të eksplorojmë disa aktivitete rekreative të reja.
(Leh tuh eks-ploh-roh-jmuh dee-sah ak-tee-vee-teh-teh reh-kreh-ah-tee-veh teh reh-yah.)

604. What's your go-to leisure pursuit?
Cila është ndjekja jote e preferuar e kohës së lirë?
(Tsee-lah esh-teh ndye-kja yoh-teh eh preh-feh-roo-ahr eh koh-ehs seh lee-reh?)

605. I'm considering trying a new hobby.
Po mendoj të provoj një hobi të ri.
(Poh mehn-doy tuh proh-voy nyuh hoh-bee teh ree.)

606. Have you ever attended a painting workshop?
A ke marrë pjesë ndonjëherë në një punëtori pikturimi?
(Ah keh mah-reh pje-seh ndon-yuh-heh-reh neh nyuh poo-neh-toh-ree peek-too-ree-mee?)

Fun Fact: The Llogara Pass offers one of the most breathtaking views of the Albanian Riviera from above.

607. What's your favorite way to unwind?
Cili është mënyra jote e preferuar për të çlodhur?
(Tsee-lee esh-teh meh-ny-rah yoh-teh eh preh-feh-roo-ahr pehr tuh ch-loh-dhoor?)

608. I'm interested in joining a local club.
Jam i interesuar të bashkohem me një klub lokal.
(Yahm ee in-te-re-suar tuh bah-shkoh-em meh nyuh kloob loh-kahl.)

609. Let's plan a day filled with leisure.
Le të planifikojmë një ditë të mbushur me relaks.
(Leh teh plah-nee-foh-jmuh nyuh dee-teh teh mboo-shoor meh reh-laks.)

610. Have you ever been to a live comedy show?
A ke qenë ndonjëherë në një shfaqje komedie live?
(Ah keh cheh-neh ndon-yuh-heh-reh neh nyuh sh-fah-jeh koh-meh-dee-eh lee-veh?)

611. I'd like to attend a cooking demonstration.
Do të doja të merrja pjesë në një demonstrim gatimi.
(Doh teh doh-jah teh meh-rr-jah pje-seh neh nyuh deh-mons-treem gah-tee-mee.)

> **Fun Fact:** The national flower of Albania is the red poppy.

Event Reactions

612. That concert was amazing! I loved it!
Ai koncert ishte mahnitës! Më pëlqeu shumë!
(Eye kon-chert ish-teh mah-nee-tehs! Muh pehl-kye-oo shoo-meh!)

613. I had such a great time at the movie.
Kalova një kohë kaq të mrekullueshme në kinema.
(Kah-loh-vah nyuh koh-huh kahk teh mreh-koo-lyue-shmeh neh kee-neh-mah.)

614. The event exceeded my expectations.
Ngjarja i kaloi pritshmëritë e mia.
(Ng-yar-jah ee kah-loi preet-shmeh-ree-teh eh me-ah.)

615. I was thrilled by the performance.
Performanca më emocionoi shumë.
(Per-for-man-tsah meh eh-moh-tsee-oh-noy shoo-meh.)

616. It was an unforgettable experience.
Ishte një përvojë e paharrueshme.
(Eesh-teh nyuh puh-rvoy-uh eh pah-hah-roo-esh-meh.)

617. I can't stop thinking about that show.
Nuk mund të ndaloj së menduari për atë shfaqje.
(Nook moond teh ndah-loj seh men-doo-ah-ree pehr ah-teh sh-fah-jeh.)

618. Unfortunately, the event was a letdown.
Fatkeqësisht, ngjarja ishte një zhgënjim.
(Faht-keh-qeh-sisht, ng-yar-jah eesh-teh nyuh zhguh-nyeem.)

619. I was disappointed with the movie.
U zhgënjeva nga filmi.
(Oo zhguh-nyeh-vah ngah feel-mee.)

620. The concert didn't meet my expectations.
Koncerti nuk përmbushi pritshmëritë e mia.
(Kohn-tsehr-tee nook puh-rmboo-shee preet-shmeh-ree-teh eh me-ah.)

621. I expected more from the exhibition.
Prisja më shumë nga ekspozita.
(Prees-jah meh shoo-meh ngah eks-poh-zee-tah.)

622. The event left me speechless; it was superb!
Ngjarja më la pa fjalë; ishte e mrekullueshme!
(Ng-yar-jah meh lah pah fyah-luh; eesh-teh eh mreh-koo-lyue-shmeh!)

623. I was absolutely thrilled with the performance.
Isha absolutisht i emocionuar me performancën.
(Ee-shah ab-soh-loo-tisht ee eh-moh-tsee-oh-nuar meh per-for-man-tsen.)

624. The movie was a pleasant surprise.
Filmi ishte një surprizë e këndshme.
(Feel-mee eesh-teh nyuh soor-pree-zuh eh kuhn-dsh-meh.)

625. I had such a blast at the exhibition.
Pata kaq shumë argëtim në ekspozitë.
(Pah-tah kahk shoo-meh ar-gue-teem neh eks-poh-zee-teh.)

626. The concert was nothing short of fantastic.
Koncerti ishte asgjë më pak se fantastik.
(Kohn-tsehr-tee eesh-teh ah-sgjuh meh pahk seh fahn-tah-steek.)

627. I'm still on cloud nine after the event.
Ende jam në qiellin e shtatë pas ngjarjes.
(Ehn-deh yahm neh cheh-lee-n eh shta-teh pahs ng-yar-yes.)

> **Travel Story:** On a hike through Valbona Valley, an environmentalist remarked, "Ruajmë natyrën si thesarin tonë," translating to "We protect nature as our treasure," advocating for environmental preservation.

628. I was quite underwhelmed by the show.
Shfaqja më la pak të zhgënjyer.
(Shfah-ya meh lah pahk teh zhguh-nyeh-yer.)

629. I expected more from the movie.
Prisja më shumë nga filmi.
(Pree-sya meh shoo-meh ngah feel-mee.)

630. Unfortunately, the exhibition didn't impress me.
Fatkeqësisht, ekspozita nuk më bëri përshtypje.
(Fat-keh-qeh-sisht, eks-poh-zee-tah nook meh beh-ree pur-shtyp-yeh.)

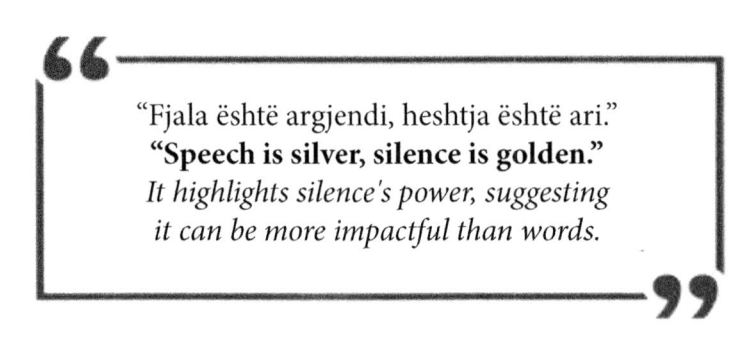

> "Fjala është argjendi, heshtja është ari."
> **"Speech is silver, silence is golden."**
> *It highlights silence's power, suggesting it can be more impactful than words.*

Mini Lesson:
Basic Grammar Principles in Albanian #2

Introduction:

As we continue our journey into the Albanian language, we focus on further grammatical structures that are crucial for forming coherent sentences and engaging in more complex conversations. This lesson builds on the foundations laid in the first part, introducing you to additional key aspects of Albanian grammar.

1. Object Pronouns:

Albanian object pronouns are used to indicate to whom or for whom the action of the verb is done. They usually come after the verb.

- *Më (me)*
- *Të (you, singular)*
- *E (him/her/it, depending on context)*
- *Na (us)*
- *Ju (you, plural)*
- *I/e (them, masculine/feminine)*

2. Possessive Pronouns:

Possessive pronouns in Albanian agree with the gender and number of the noun they are describing.

- *Im (my, masculine)*
- *Ime (my, feminine)*
- *Yt (your, singular masculine)*
- *Yte (your, singular feminine)*

- *I tij/ej (his/hers)*
- *Ynë (our)*
- *Juaj (your, plural)*
- *I tyre (their, masculine)*
- *E tyre (their, feminine)*

3. Adverbs:

Adverbs in Albanian modify verbs, adjectives, or other adverbs, providing additional information about how, when, where, and to what extent an action is performed.

- *Shpejt (quickly)*
- *Mirë (well)*
- *Sot (today)*
- *Atje (there)*
- *Shumë (very)*

4. Comparative and Superlative:

Adjectives and adverbs can be changed to show comparison and superiority in Albanian.

- *Më + adjective + se (more... than)*
- *Më i/e mirë (better)*
- *Më së miri (the best)*

5. Reflexive Pronouns:

Reflexive pronouns in Albanian are used when the subject and object of the verb are the same.

- *Vetë (myself, yourself, himself, etc.)*

6. Imperative Mood:

The imperative mood is used to give orders or make requests. In Albanian, the imperative is formed differently depending on the verb.

- *Hap (open, singular)*
- *Hapni (open, plural)*

7. Conjunctions:

Albanian uses conjunctions to connect words, phrases, or clauses.

- *Dhe (and)*
- *Ose (or)*
- *Por (but)*
- *Sepse (because)*

8. Prepositions:

Prepositions in Albanian show the relationship between nouns or pronouns and other words in a sentence.

- *Në (in, on)*
- *Për (for)*
- *Me (with)*
- *Pa (without)*

Conclusion:

Mastering these grammar aspects enhances Albanian expression and comprehension. Practice with pronouns, adverbs, comparisons, and imperatives. Consistent practice and immersion are vital. Paç fat! (Good luck!)

HEALTHCARE & MEDICAL NEEDS

- EXPLAINING SYMPTOMS TO A DOCTOR -
- REQUESTING MEDICAL ASSISTANCE -
- DISCUSSING MEDICATIONS AND TREATMENT -

Explaining Symptoms

631. I have a persistent headache.
 Kam dhimbje të vazhdueshme koke.
 (Kahm dhihm-bie teh vahzhdoo-esh-meh koh-keh.)

632. My throat has been sore for a week.
 Kam pasur dhimbje të fytit për një javë.
 (Kahm pah-soor dhihm-bie teh fye-teet pur nyuh yah-vuh.)

633. I've been experiencing stomach pain and nausea.
 Kam përjetuar dhimbje stomaku dhe të vjella.
 (Kahm pur-jeh-too-ar dhihm-bie sto-mah-koo dheh teh vyell-lah.)

634. I have a high fever and chills.
 Kam ethet e larta dhe dridhura.
 (Kahm eh-thet eh lahr-tah dheh drih-dhoo-rah.)

635. My back has been hurting for a few days.
 Kam pasur dhimbje shpine për disa ditë.
 (Kahm pah-soor dhihm-bie shpee-neh pur dee-sah dee-teh.)

636. I'm coughing up yellow mucus.
 Po kolloj sekrecione të verdha.
 (Poh koh-loy sehk-reh-tsi-oh-neh teh vehr-dhah.)

637. I have a rash on my arm.
 Kam një skuqje në krah.
 (Kahm nyuh skoo-qyeh neh kraah.)

> **Fun Fact:** Gjirokastër, a city in southern Albania, is known as the "City of Stone" due to its distinctive Ottoman-era architecture.

638. I've been having trouble breathing.
Kam pasur probleme me frymëmarrjen.
(Kahm pah-soor proh-bleh-meh meh fry-muh-mar-ryen.)

639. I feel dizzy and lightheaded.
Ndihem i/e përmbysur dhe me lehtësi në kokë.
(Ndi-hem ee/eh purm-by-soor dheh meh leh-tuh-see neh koh-keh.)

640. My joints are swollen and painful.
Nyjet e mia janë të fryra dhe të dhimbshme.
(Nyeht eh mee-ah yah-neh teh fry-rah dheh teh dhihm-shmeh.)

641. I've had diarrhea for two days.
Kam pasur diarre për dy ditë.
(Kahm pah-soor dee-ah-reh pur dee dee-teh.)

642. My eyes are red and itchy.
Sytë e mi janë të kuq dhe të kruar.
(See-teh eh mee yah-neh teh kooq dheh teh kroo-ar.)

643. I've been vomiting since last night.
Kam vjellë që nga mbrëmja e kaluar.
(Kahm vyell-luh chuh ngah mbrum-yah eh kah-loo-ar.)

644. I have a painful, persistent toothache.
Kam një dhimbje të dhembshme dhe të vazhdueshme të dhëmbëve.
(Kahm nyuh dhihm-bie teh dhehm-shmeh dheh teh vahzhdoo-esh-meh teh dhehm-beh-veh.)

645. I'm experiencing fatigue and weakness.
Po përjetoj lodhje dhe dobësi.
(Poh pur-ye-toy lohdh-yeh dheh doh-beh-see.)

646. I've noticed blood in my urine.
Kam vërejtur gjak në urinën time.
(Kahm vuh-rehy-toor gyak neh oo-ree-neh tee-meh.)

647. My nose is congested, and I can't smell anything.
Hunda ime është e bllokuar, dhe s'mund të ndjej asgjë.
(Hoon-dah ee-meh esh-teh e bloo-koo-ar, dheh s'moond teh nd-yey ahs-gyeh.)

648. I have a cut that's not healing properly.
Kam një prerje që nuk po shërohet siç duhet.
(Kahm nyuh preh-rjeh chuh nook poh shuh-roh-het sich doo-het.)

649. My ears have been hurting, and I can't hear well.
Veshët më dhembin, dhe nuk dëgjoj mirë.
(Veh-shet muh dhehm-bin, dheh nook duh-gjoy mee-reh.)

650. I think I might have a urinary tract infection.
Mendoj se mund të kem një infeksion në traktin urinar.
(Mehn-doy seh moond teh kehm nyuh in-fek-see-on neh trahk-teen oo-ree-nar.)

651. I've had trouble sleeping due to anxiety.
Kam pasur probleme me gjumin për shkak të ankthit.
(Kahm pah-soor proh-bleh-meh meh gjoo-meen pur shkahk teh ahnk-theet.)

Requesting Medical Assistance

652. I need to see a doctor urgently.
Kam nevojë të shoh një mjek me urgjencë.
(Kahm neh-voy-uh teh shoh nyuh myehk meh oor-jen-tsuh.)

653. Can you call an ambulance, please?
A mund të thërrasni një ambulancë, ju lutem?
(Ah moond teh thuh-rah-snee nyuh ahm-boo-lahn-tsuh, yoo loo-tehm?)

> **Travel Story:** In a local teahouse in Korçë, a tea master advised, "Çaji është qetësia në një filxhan," meaning "Tea is tranquility in a cup," discussing the calming ritual of tea drinking.

654. I require immediate medical attention.
Kam nevojë për ndihmë mjekësore menjëherë.
(Kahm neh-voy-uh pur ndeehm-uh myeh-keh-soh-reh mehn-yeh-heh-reh.)

655. Is there an available appointment today?
A ka një takim të disponueshëm sot?
(Ah kah nyuh tah-keem teh di-spo-noo-eh-shehm soht?)

656. Please help me find a nearby clinic.
Ju lutem, ndihmoni më të gjej një klinikë afër.
(Yoo loo-tehm, ndeeh-moh-nee muh teh gyej nyuh klee-nee-kuh ah-fur.)

657. I think I'm having a medical emergency.
Mendoj se kam një emergjencë mjekësore.
(Mehn-doy seh kahm nyuh ehm-ehr-jen-tsuh myeh-keh-soh-reh.)

658. Can you recommend a specialist?
A mund të rekomandoni një specialist?
(Ah moond teh reh-koh-mah-doh-nee nyuh speh-tsee-ah-list?)

659. I'm in severe pain; can I see a doctor now?
Jam në dhimbje të rënda; a mund të shoh një mjek tani?
(Yahm neh dhihm-bie teh ruhn-dah; ah moond teh shoh nyuh myehk tah-nee?)

660. Is there a 24-hour pharmacy in the area?
A ka një farmaci 24 orëshe në zonë?
(Ah kah nyuh far-ma-tsee chuh-bisht ohr-eh-sheh neh zoh-neh?)

661. I need a prescription refill.
Kam nevojë për një mbushje të recetës.
(Kahm neh-voy-uh pur nyuh mboo-shyeh teh reh-tseh-tehs.)

662. Can you guide me to the nearest hospital?
Mund të më udhëzoni drejt spitalit më të afërt?
(Moond teh muh oodh-eh-zoh-nee dreht spee-tah-leet muh teh ah-furt?)

663. I've cut myself and need medical assistance.
Kam prerë veten dhe kam nevojë për ndihmë mjekësore.
(Kahm preh-ruh veh-tehn dheh kahm neh-voy-uh pur ndeehm-uh myeh-keh-soh-reh.)

664. My child has a high fever; what should I do?
Fëmija im ka temperaturë të lartë; çfarë duhet të bëj?
(Fuh-mee-yah eem kah tem-peh-ra-too-ruh teh lahr-teh; chuh-fah-reh doo-heht teh byeh?)

665. Is there a walk-in clinic nearby?
A ka një klinikë pa takim paraprak në afërsi?
(Ah kah nyuh klee-nee-kuh pah tah-keem pah-rah-prahk neh ah-fuhr-see?)

666. I need medical advice about my condition.
Kam nevojë për këshilla mjekësore për gjendjen time.
(Kahm neh-voy-uh pur kuh-shee-lah myeh-keh-soh-reh pur gyen-dyehn tee-meh.)

667. My medication has run out; I need a refill.
Ilacët e mia kanë mbaruar; kam nevojë për një mbushje.
(Ee-lah-tseht eh mee-ah kah-neh mbar-oo-ar; kahm neh-voy-uh pur nyuh mboo-shyeh.)

668. Can you direct me to an eye doctor?
Mund të më udhëzoni te një okulist?
(Moond teh muh oodh-eh-zoh-nee teh nyuh oh-koo-leest?)

669. I've been bitten by a dog; I'm concerned.
Kam qenë i kafshuar nga një qen; jam i shqetësuar.
(Kahm cheh-neh ee kahf-shoo-ar ngah nyuh chehn; yahm ee shcheh-tuh-soo-ar.)

670. Is there a dentist available for an emergency?
A ka një dentist për një emergjencë?
(Ah kah nyuh dehn-eest pur nyuh ehm-ehr-jen-tsuh?)

671. I think I might have food poisoning.
Mendoj se mund të kem helmim nga ushqimi.
(Mehn-doy seh moond teh kehm hehl-meem ngah oosh-kee-mee.)

672. Can you help me find a pediatrician for my child?
Mund të më ndihmoni të gjej një pediatër për fëmijën tim?
(Moond teh muh ndeeh-moh-nee teh gyei nyuh peh-dee-ah-tur pur fuh-mee-yuhn teem?)

> **Idiomatic Expression:** "Të jetë si ujë dhe zjarr."
> Meaning: "To be complete opposites."
> (Literal translation: "To be like water and fire.")

Discussing Medications and Treatments

673. What is this medication for?
Për çfarë është kjo medikament?
(Pur ch-fah-rë esh-të kyo meh-dee-ka-ment?)

674. How often should I take this pill?
Sa herë duhet të marr këtë pilulë?
(Sah heh-rë doo-het të mahrr kë-të pee-loo-lë?)

675. Are there any potential side effects?
A ka efekte anësore të mundshme?
(Ah kah eh-fehk-teh ah-në-soh-reh të moond-shmeh?)

676. Can I take this medicine with food?
A mund ta marr këtë medikament me ushqim?
(Ah moond tah mahrr kë-të meh-dee-ka-ment meh oosh-keem?)

677. Should I avoid alcohol while on this medication?
A duhet të shmang alkoolin gjatë marrjes së këtij medikamenti?
(Ah doo-het të shmahng al-koo-leen gyah-të mah-rryes së kë-teej meh-dee-ka-men-tee?)

678. Is it safe to drive while taking this?
A është e sigurt të drejtosh makinën duke marrë këtë medikament?
(Ah esh-të e see-gurt të dreh-tohsh mah-kee-nën doo-keh mah-rrë kë-të meh-dee-ka-ment?)

679. Are there any dietary restrictions?
A ka ndonjë kufizim dietal?
(Ah kah ndon-yë koo-fee-zim dee-eh-tal?)

680. Can you explain the dosage instructions?
A mund të shpjegoni udhëzimet për dozën?
(Ah moond të shpye-go-nee oodh-ë-zee-met pur doh-zën?)

681. What should I do if I miss a dose?
Çfarë duhet të bëj nëse humbas një dozë?
(Ch-fah-rë doo-het të bëj nse hoom-bahs nyë doh-zë?)

682. How long do I need to continue this treatment?
Sa kohë duhet të vazhdoj këtë trajtim?
(Sah kohë doo-het të vahzh-doy kë-të trahy-teem?)

683. Can I get a generic version of this medication?
A mund të marr një version gjenerik të këtij medikamenti?
(Ah moond të mahrr nyë ver-syon jeh-neh-reek të kë-teej meh-dee-ka-men-tee?)

684. Is there a non-prescription alternative?
A ka një alternativë pa recetë?
(Ah kah nyë al-ter-nah-tee-vë pah reh-tse-të?)

685. How should I store this medication?
Si duhet ta ruaj këtë medikament?
(See doo-het tah roo-ay kë-të meh-dee-ka-ment?)

686. Can you show me how to use this inhaler?
A mund të më tregoni si të përdor këtë inhalator?
(Ah moond të muh treh-go-nee see të pûr-dor kë-të in-hah-lah-tor?)

687. What's the expiry date of this medicine?
Cila është data e skadencës së kësaj medikamenti?
(Tsee-lah esh-të dah-tah eh ska-den-tsë së kë-sai meh-dee-ka-men-tee?)

> **Fun Fact:** The country was once known for its "pyramid scheme" crisis in 1997, which led to widespread unrest.

688. Do I need to finish the entire course of antibiotics?
A duhet të përfundoj të gjithë kursin e antibiotikëve?
(Ah doo-het të pur-foon-doj të gee-thë kur-seen eh an-tee-bee-oh-tee-kë-veh?)

689. Can I cut these pills in half?
A mund t'i ndaj këto pilula në gjysmë?
(Ah moond tee ndai kë-to pee-loo-lah në gy-sme?)

690. Is there an over-the-counter pain reliever you recommend?
A keni ndonjë këshillë për një qetësues dhimbjeje pa recetë?
(Ah keh-nee ndon-yë kë-sheel-leh për nyë chetë-sues dhee-mbye-yeh pah reh-tseh-të?)

691. Can I take this medication while pregnant?
A mund ta marr këtë medikament gjatë shtatzënisë?
(Ah moond tah mahr kë-të meh-dee-ka-ment jah-të shtaht-zë-nee-së?)

692. What should I do if I experience an allergic reaction?
Çfarë duhet të bëj nëse përjetoj një reagim alergjik?
(Ch-fah-rë doo-het të bë-y në-se pur-yeh-toy nyë reh-a-gheem ah-ler-gjeek?)

> **Fun Fact:** Albanian is the only language in Europe that has a word for "when two people say the same thing at the same time": "Bicim."

693. Can you provide more information about this treatment plan?
A mund të ofroni më shumë informacion rreth këtij plani të trajtimit?
(Ah moond të oh-fro-nee më shoo-më een-fohr-mah-tsee-on rr-eth kë-tee-y pla-nee të trah-jtee-meet?)

> "Uji që nuk rrjedh bëhet baltë."
> **"Water that does not flow becomes muddy."**
> *This emphasizes progress and movement as vital, noting stagnation leads to decline.*

Word Search Puzzle: Healthcare

HOSPITAL
SPITAL
DOCTOR
DOKTOR
MEDICINE
ILAC
PRESCRIPTION
RECETË
APPOINTMENT
TAKIM
SURGERY
OPERACION
VACCINE
VAKSINË
PHARMACY
FARMACI
ILLNESS
SËMUNDJE
TREATMENT
TRAJTIM
DIAGNOSIS
DIAGNOZË
RECOVERY
SHËRIM
SYMPTOM
SIMPTOMË
IMMUNIZATION
IMUNIZIM

```
I C N I L E T N Q L M S T S D
C T X U H M G C W X V N V I I
A I L O P T X Q Y D E A A S K
M S Ë M U N D J E M C G F L W
R N T A K I M E T C N S O A I
A T O H N F G N I O R O W I Y
F R G I Q V I N S P I T A L M
I A Y U T O E I I M K B J E Y
M J N R P P S N O K Z D D W N
M T T P E W I T O H Q I Q V E
U I A R B V P R L B C A L I M
N M H U E M O S C I B Y C R I
I W M C Y A S C N S H Y P R R
Z U N S S E T E E U E Z U O Ë
A D G F N U I M P R A R M P H
T U S L L T R D E I U I P E S
I X L R L C I G O N M F E R M
O I U J D D Ë F E C T M Y A U
N K J Y A X T Y K R T I B C J
K E R S P R E D C R Y O B I D
C D R F V K C M E A P D R O K
Z O W U V E E E M M M Z K N Y
K K V Z C R R N Q Z Q R L N S
M T Ë N I S K A V K J A A G F
J O Ë Z O N G A I D T I L H T
C R M I Z I N U M I Q S T Y P
Y L I M B J Y F P M K R P R N
U K P Q H W F S I M P T O M Ë
S T I R T L O A O H O Q E Z G
U Q S G I H B T M S Y N K W X
```

Correct Answers:

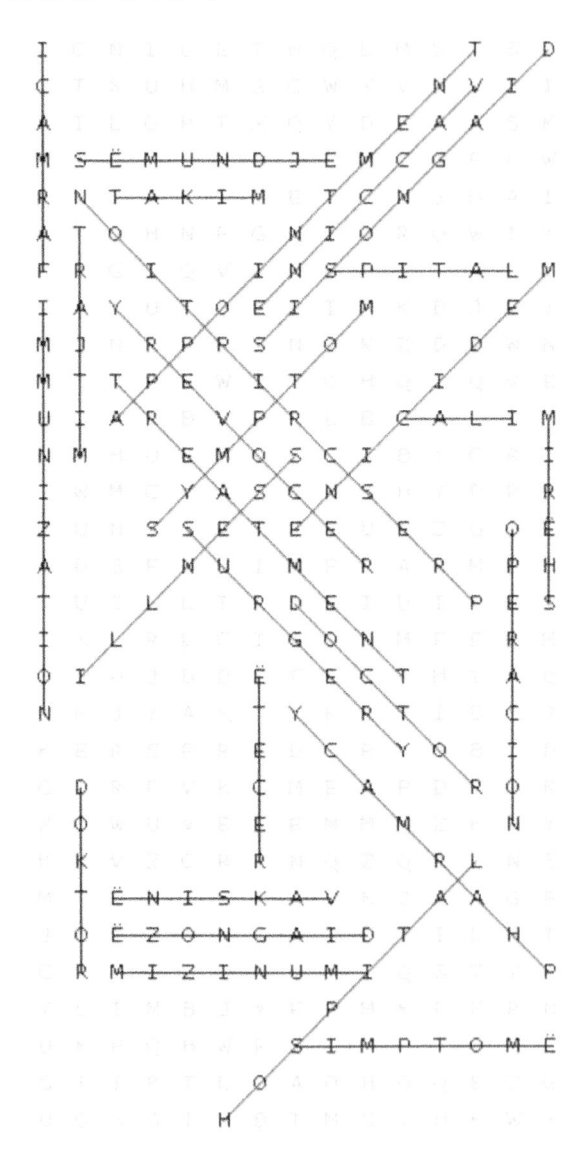

FAMILY & RELATIONSHIPS

- TALKING ABOUT FAMILY MEMBERS & RELATIONSHIPS -
- DISCUSSING PERSONAL LIFE & EXPERIENCES -
- EXPRESSING EMOTIONS & SENTIMENTS -

Family Members and Relationships

694. He's my younger brother.
Ai është vëllai im më i ri.
(Eye eshtë vuh-ly im muh ee ree.)

695. She's my cousin from my mother's side.
Ajo është kushërira ime nga ana e nënës.
(Ah-yo eshtë koo-sheh-ree-rah ee-meh ngah ah-nah eh ne-nes.)

696. My grandparents have been married for 50 years.
Gjyshërit e mi janë të martuar për 50 vjet.
(Jy-sheh-reet eh mee jah-në tuh mar-too-ahr per pehn-dheh-syet vyeht.)

697. We're like sisters from another mister.
Ne jemi si motra nga një baba tjetër.
(Neh yeh-mee see moh-trah ngah nyuh bah-bah tyet-er.)

698. He's my husband's best friend.
Ai është shoku më i mirë i bashkëshortit tim.
(Eye eshtë sho-koo muh ee mee-rë ee bah-shke-short-eet teem.)

699. She's my niece on my father's side.
Ajo është mbesa ime nga ana e babait.
(Ah-yo eshtë mbe-sah ee-meh ngah ah-nah eh bah-bah-eet.)

700. They are my in-laws.
Ata janë kunatat e mi.
(Ah-tah yah-në koo-nah-taht eh mee.)

701. Our family is quite close-knit.
Familja jonë është shumë e ngushtë.
(Fah-meel-yah yoh-në eshtë shoo-më eh n'goo-shte.)

702. He's my adopted son.
Ai është djali im i birësuar.
(Eye eshtë jah-lee eem ee bee-re-suar.)

703. She's my half-sister.
Ajo është motra ime e gjysmë.
(Ah-yo eshtë moh-trah ee-meh eh jys-muh.)

> **Travel Story:** In a local library in Elbasan, a reader suggested, "Një libër është udhëtim në botën e dijes," meaning "A book is a journey into the world of knowledge," highlighting the value of reading and education.

704. My parents are divorced.
Prindërit e mi janë të divorcuar.
(Prin-de-reet eh mee yah-në tuh dee-vor-tsoo-ar.)

705. He's my fiancé.
Ai është fejesi im.
(Eye eshtë feh-ye-see eem.)

706. She's my daughter-in-law.
Ajo është nusja ime.
(Ah-yo eshtë noo-syah ee-meh.)

> **Idiomatic Expression:** "Të kesh zemrën në grykë."
> Meaning: "To be very frightened or anxious."
> (Literal translation: "To have the heart in the throat.")

707. We're childhood friends.
Ne jemi miq që nga fëmijëria.
(Neh yeh-mee meek ch' nga fuh-mee-yeh-ree-ah.)

708. My twin brother and I are very close.
Unë dhe vëllai im binjak jemi shumë të afërt.
(Oo-neh dheh vuh-ly im bee-nyak yeh-mee shoo-muh tuh ah-fuhrt.)

709. He's my godfather.
Ai është baba i krishterimit tim.
(Eye esht baba ee krisht-eh-ree-meet teem.)

710. She's my stepsister.
Ajo është motra ime e shtëpisë.
(Ah-yo esht muh-trah eem-eh eh shteh-pee-suh.)

711. My aunt is a world traveler.
Halla ime është një udhëtare botërore.
(Hah-lah eem-eh esht nyuh oo-dhuh-tah-ruh buh-tuh-ruh-ruh.)

712. We're distant relatives.
Ne jemi të afërm të largët.
(Neh yeh-mee tuh ah-fuhm tuh lahr-guht.)

713. He's my brother-in-law.
Ai është kunati im.
(Eye esht koo-nah-tee eem.)

714. She's my ex-girlfriend.
Ajo është ish-e dashura ime.
(Ah-yo esht ish-eh dah-shoo-rah eem-eh.)

Personal Life and Experiences

715. I've traveled to over 20 countries.
Kam udhëtuar në më shumë se 20 vende.
(Kahm oo-dhuh-too-ahr nuh muh shoo-muh seh dyeh-vend-eh.)

716. She's an avid hiker and backpacker.
Ajo është një alpiniste dhe rruzakë e zellshme.
(Ah-yo esht nyuh al-pee-nees-teh dheh rr-oo-za-kah eh zell-shmeh.)

717. I enjoy cooking and trying new recipes.
Më pëlqen të gatuaj dhe të provoj receta të reja.
(Muh pehl-chen tuh gah-too-eye dheh tuh pro-voy reh-tseh-tah tuh reh-yah.)

718. He's a professional photographer.
Ai është një fotograf profesionist.
(Eye esht nyuh fo-toh-grahf pro-feh-syo-neest.)

719. I'm passionate about environmental conservation.
Kam pasion për mbrojtjen e mjedisit.
(Kahm pah-syon pehr mm-broh-tyen eh myeh-dee-seet.)

720. She's a proud dog owner.
Ajo është një pronare e krenare e qenit.
(Ah-yo esht nyuh pro-nah-reh eh kreh-nah-reh eh cheh-neet.)

721. I love attending live music concerts.
Më pëlqen të ndjek koncerte muzike live.
(Muh pehl-chen tuh nd-yehk kon-chehr-teh moo-zee-keh lee-veh.)

722. He's an entrepreneur running his own business.
Ai është një sipërmarrës që drejton biznesin e tij.
(Eye esh-tuh nyuh see-per-mar-res chuh drehj-ton beez-neh-sin eh tee-y.)

723. I've completed a marathon.
Kam përfunduar një maratonë.
(Kahm per-foon-doo-ar nyuh mah-ra-toh-neh.)

724. She's a dedicated volunteer at a local shelter.
Ajo është një vullnetare e përkushtuar në një strehë lokale.
(Ah-yoh esh-tuh nyuh vool-neh-tah-reh eh per-koo-sh-too-ar neh nyuh streh-uh loh-kah-leh.)

725. I'm a history buff.
Unë jam një entuziast i historisë.
(Oo-neh yahm nyuh en-too-zee-ast ee hee-store-see.)

726. I'm a proud parent of three children.
Jam prind krenar i tre fëmijëve.
(Yahm preend kreh-nar ee treh feh-mee-yeh-veh.)

727. I've recently taken up painting.
Së fundmi kam filluar të pikturoj.
(Suh foon-dmee kahm fee-loo-ar tuh peek-too-roy.)

728. She's a film enthusiast.
Ajo është një entuziaste e filmave.
(Ah-yoh esh-tuh nyuh en-too-zee-ahs-teh eh feel-mah-veh.)

729. I enjoy gardening in my free time.
Gëzoj të merrem me kopshtari në kohën time të lirë.
(Guh-zoy tuh meh-rrem meh kop-shta-ree neh koh-hehn tee-meh teh lee-reh.)

730. He's an astronomy enthusiast.
Ai është një entuziast i astronomisë.
(Eye esh-tuh nyuh en-too-zee-ast ee as-troh-mee-see.)

731. I've skydived twice.
Kam kryer hedhje me parashutë dy herë.
(Kahm kree-yehr hehdh-yeh meh pah-rah-shoo-teh dee heh-reh.)

732. She's a fitness trainer.
Ajo është një trajnere fitnesi.
(Ah-yoh esh-tuh nyuh trahy-neh-reh fee-neh-see.)

733. I love collecting vintage records.
Më pëlqen të mbledh disqe të vjetra.
(Muh pehl-chen tuh mbledh dees-kueh teh vye-tra.)

734. He's an experienced scuba diver.
Ai është një zhytës i përvojshëm.
(Eye esh-tuh nyuh zhee-tees ee per-voy-shehm.)

735. He's a bookworm and a literature lover.
Ai është një lexues i zellshëm dhe një dashamirës i letërsisë.
(Eye esh-tuh nyuh leh-xoo-es ee zell-shehm dheh nyuh dah-shah-mee-res ee leh-ter-see.)

> **Fun Fact:** Albania is one of the sunniest countries in Europe, with an average of 300 sunny days a year.

Expressing Emotions and Sentiments

736. I feel overjoyed on my birthday.
Ndihem shumë i lumtur në ditëlindjen time.
(Ndee-hem shoo-muh ee loom-toor neh dee-tuh-leend-yehn tee-meh.)

737. She's going through a tough time right now.
Ajo po kalon një periudhë të vështirë tani.
(Ah-yoh poh kah-lon nyuh peh-ree-oo-dhuh tuh veh-shtee-ruh tah-nee.)

738. I'm thrilled about my upcoming vacation.
Jam shumë i entuziazmuar për pushimet e mia të ardhshme.
(Yahm shoo-meh ee en-too-zee-ahs-moo-ar pur poo-shee-met eh mee-ah tuh ahrd-shmeh.)

739. He's heartbroken after the breakup.
Ai është i thyer në zemër pas ndarjes.
(Eye esh-tuh ee thee-yehr nuh zeh-muhr pahs ndahr-yes.)

740. I'm absolutely ecstatic about the news.
Jam absolutisht ekstatik për lajmet.
(Yahm ab-soh-loo-teesh-t ek-stah-teek pur lah-y-met.)

741. She's feeling anxious before the big presentation.
Ajo ndihet e ankthosur para prezantimit të madh.
(Ah-yoh ndee-het eh ahnkh-toh-soor pah-rah preh-zahn-teemeet tuh mahdh.)

742. I'm proud of my team's achievements.
Jam krenar për arritjet e ekipit tim.
(Yahm kreh-nahr pur ahr-reet-yet eh eh-keep-eet teem.)

743. He's devastated by the loss.
Ai është shkatërruar nga humbja.
(Eye esh-tuh shkah-tuh-rruar ngah hoom-byah.)

744. I'm grateful for the support I received.
Jam mirënjohës për mbështetjen që mora.
(Yahm meer-neh-yoh-uhs pur m'bshtet-yen chuh moh-rah.)

745. She's experiencing a mix of emotions.
Ajo po përjeton një përzierje emocionesh.
(Ah-yoh poh pur-yeh-ton nyuh pur-zee-eh-yeh eh-moh-tsee-oh-nehsh.)

746. I'm content with where I am in life.
Jam i kënaqur me atë ku ndodhem në jetë.
(Yahm ee kuh-nah-koor meh ah-tuh koo ndohd-hehm nuh yeh-tuh.)

747. He's overwhelmed by the workload.
Ai është mbingarkuar nga ngarkesa e punës.
(Eye esh-tuh mbeen-gahr-koo-ar ngah ngahr-keh-sah eh poo-nes.)

748. I'm in awe of the natural beauty here.
Jam i mahnitur nga bukuria natyrore këtu.
(Yahm ee mah-nee-toor ngah boo-koo-ree-ah nah-ty-roh-reh kuh-too.)

> **Language Learning Tip:** Use Technology Wisely - Make use of online dictionaries, pronunciation guides, and language learning platforms.

749. She's relieved the exams are finally over.
Ajo është lehtësuar që provimet janë më në fund përfunduar.
(Ah-yoh esh-tuh leh-htuh-suar chuh proh-vee-met yah-neh muh nuh foon-duh pur-foon-doo-ar.)

750. I'm excited about the new job opportunity.
Jam i emocionuar për mundësinë e re të punës.
(Yahm ee eh-moh-tsee-oh-noo-ar pur moon-duh-see-neh eh reh tuh poo-nes.)

Travel Story: In the vibrant markets of Tirana, a shopper said, "Tregu është zemra e qytetit," meaning "The market is the heart of the city," capturing the lively atmosphere and community spirit.

751. I'm nostalgic about my childhood.
Ndjej nostalgji për fëmijërinë time.
(Nd-yey nos-tal-gjee pur feh-mee-jeh-ree-neh tee-meh.)

752. She's confused about her future.
Ajo është e hutuar për të ardhmen e saj.
(A-joh esh-teh eh hoo-tu-ar pur teh ardh-men eh saj.)

753. I'm touched by the kindness of strangers.
Ndihem prekur nga mirësia e të panjohurve.
(Ndih-em preh-koor ngah mee-reh-see-ah eh teh pah-nyoh-oor-veh.)

754. He's envious of his friend's success.
Ai është i zili për suksesin e shokut të tij.
(Eye esh-teh ee zee-lee pur soo-kse-sin eh sho-koot teh tee-y.)

755. I'm hopeful for a better tomorrow.
Jam i shpresëplotë për një të nesërme më të mirë.
(Yam ee shpres-uh-plo-tuh pur nyuh teh neh-surmeh meh teh mee-ruh.)

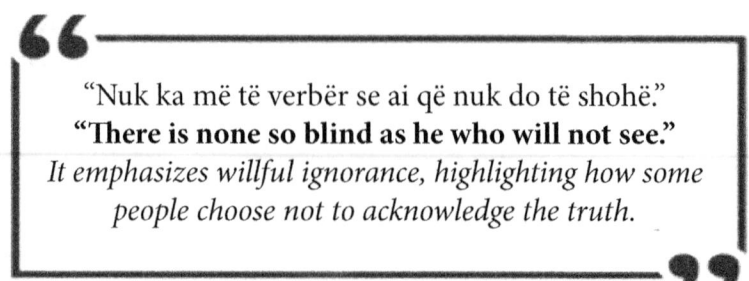

> "Nuk ka më të verbër se ai që nuk do të shohë."
> **"There is none so blind as he who will not see."**
> *It emphasizes willful ignorance, highlighting how some people choose not to acknowledge the truth.*

Interactive Challenge: Family & Relationships
(Link each English word with their corresponding meaning in Albanian)

1) Family   Divorci

2) Parents   Fëmijët

3) Siblings   Martesa

4) Children   Gjyshërit

5) Grandparents   Prindërit

6) Spouse   Miqësia

7) Marriage   Familja

8) Love   Vëllëzër e Motra

9) Friendship   Mbija

10) Relatives   Të Aftërmit

11) In-laws   Dashuria

12) Divorce   Bashkëshorti/Bashkëshortja

13) Adoption   Adopsioni

14) Cousins   Kunatërit

15) Niece   Kushërinjtë

Correct Answers:

1. Family - Familja
2. Parents - Prindërit
3. Siblings - Vëllëzër e Motra
4. Children - Fëmijët
5. Grandparents - Gjyshërit
6. Spouse - Bashkëshorti/Bashkëshortja
7. Marriage - Martesa
8. Love - Dashuria
9. Friendship - Miqësia
10. Relatives - Të Aftërmit
11. In-laws - Kunatërit
12. Divorce - Divorci
13. Adoption - Adopsioni
14. Cousins - Kushërinjtë
15. Niece - Mbija

TECHNOLOGY & COMMUNICATION

- USING TECHNOLOGY-RELATED PHRASES -
- INTERNET ACCESS AND COMMUNICATION TOOLS -
- TROUBLESHOOTING TECHNICAL ISSUES -

Using Technology

756. I use my smartphone for various tasks.
Përdor telefonin tim të mençur për detyra të ndryshme.
(Puh-rdor teh-leh-foh-neen teem teh men-choor pur deh-tyrah teh ndruhsh-meh.)

757. The computer is an essential tool in my work.
Kompjuteri është një mjet thelbësor në punën time.
(Kom-pyoo-teh-ree esh-tuh nyuh myet thel-buh-sor neh poo-nen tee-meh.)

758. I'm learning how to code and develop software.
Po mësoj si të kodoj dhe të zhvilloj softuer.
(Poh meh-soy see teh ko-doy dheh teh zhvee-loj soft-oo-air.)

759. My tablet helps me stay organized.
Tableti im më ndihmon të qëndroj i organizuar.
(Tah-bleh-tee eem meh ndeeh-mon teh chuhn-droy ee or-gah-nee-zoo-ar.)

760. I enjoy exploring new apps and software.
Më pëlqen të eksploroj aplikacione dhe softuerë të rinj.
(Muh puhl-chen teh eks-ploh-roj ah-plee-kah-tsee-oh-neh dheh soft-oo-air-uh teh reenj.)

761. Smartwatches are becoming more popular.
Orët e zgjuara po bëhen gjithnjë e më popullore.
(O-ret eh zjhoo-ah-rah poh behn gee-thnyeh eh muh pop-ool-loh-reh.)

762. Virtual reality technology is fascinating.
Teknologjia e realitetit virtual është mahnitëse.
(Tek-noh-loh-jee-ah eh reh-ah-lee-teh-tee vee-too-ral esh-teh mah-nee-tuh-seh.)

763. Artificial intelligence is changing industries.
Inteligjenca artificiale po ndryshon industritë.
(Een-teh-lee-gjen-tsah ahr-tee-fee-tsee-ah-leh poh ndruh-shon een-doos-tree-teh.)

764. I like to customize my gadgets.
Më pëlqen të personalizoj pajisjet e mia.
(Muh puhl-chen teh pehr-soh-nah-lee-zoy pah-yees-yet eh mee-ah.)

765. E-books have replaced physical books for me.
Librat elektronikë kanë zëvendësuar librat fizikë për mua.
(Lee-braht eh-lehk-troh-nee-kuh kah-neh zveh-ven-duh-swar lee-braht fee-zee-kuh pur moo-ah.)

766. Social media platforms connect people worldwide.
Platformat e mediave sociale lidhin njerëzit në mbarë botën.
(Plaht-for-maht eh meh-dee-ah-veh soh-tsee-ah-leh lee-dheen nyuh-reh-zit neh mba-ruh boh-tehn.)

767. I'm a fan of wearable technology.
Jam fan i teknologjisë së veshjeve.
(Yahm fahn ee tek-noh-loh-jee-seh suh vehsh-yeh-veh.)

768. The latest gadgets always catch my eye.
Pajisjet më të fundit gjithmonë tërheqin vëmendjen time.
(Pah-yees-yet muh teh foon-deet gee-thmoh-neh tehr-heh-keen veh-mehn-jehn tee-meh.)

769. My digital camera captures high-quality photos.
Kamera ime dixhitale kap fotografi me cilësi të lartë.
(Kah-meh-rah ee-meh di-jhee-tah-leh kahp foh-toh-grah-fee meh ci-luh-see teh lahr-teh.)

770. Home automation simplifies daily tasks.
Automatizimi i shtëpisë thjeshton detyrat e përditshme.
(Au-toh-mah-tee-zee-mee ee shtuh-pee-suh thyehsh-tohn deh-tyraht eh pur-diht-shmeh.)

771. I'm into 3D printing as a hobby.
Kam hobi printimin 3D.
(Kahm hoh-bee preen-tee-meen Three-Dee.)

772. Streaming services have revolutionized entertainment.
Shërbimet e transmetimit kanë revolucionarizuar argëtimin.
(Shur-bee-met eh trahns-meh-tee-meet kah-neh reh-vo-loo-tsi-oh-nah-ree-zoo-ahr ar-guh-tee-meen.)

773. The Internet of Things (IoT) is expanding.
Interneti i Gjërave (IoT) po zgjerohet.
(Een-tehr-neh-tee ee Juh-rah-veh (Eye-Oh-Tee) poh zjeh-roh-het.)

774. I'm into gaming, both console and PC.
Më pëlqen të luaj lojëra, si në konsolë ashtu edhe në PC.
(Muh puhl-chen tuh loo-eye loh-jeh-rah, see nuh kohn-soh-luh ash-too eh-theh nuh Pee-Cee.)

775. Wireless headphones make life more convenient.
Kufjet pa tela bëjnë jetën më të lehtë.
(Koof-yet pah teh-lah byeh-nyuh jeh-tehn muh tuh leh-tuh.)

776. Cloud storage is essential for my work.
Ruajtja në cloud është esenciale për punën time.
(Roo-eye-tyah nuh klowd esh-teh eh-sen-see-ah-leh pur poo-nehn tee-meh.)

> **Travel Story:** At an olive grove in Fier, a farmer shared, "Punë e vështirë, por fryt i ëmbël," which translates to "Hard work, but sweet fruit," speaking to the labor and rewards of farming.

Internet Access and Communication Tools

777. I rely on high-speed internet for work.
Mbështetem në internet me shpejtësi të lartë për punë.
(Mbuh-shteh-tehm nuh een-tehr-neht meh shpehj-tuh-see teh lahr-teh pur poo-neh.)

778. Video conferencing is crucial for remote meetings.
Konferencat video janë thelbësore për takimet në distancë.
(Kohn-feh-ren-tsat vee-deh-oh jah-neh thel-buh-soh-reh pur tah-kee-met nuh dees-tahn-tseh.)

779. Social media helps me stay connected with friends.
Mediat sociale më ndihmojnë të qëndroj i lidhur me miqtë.
(Meh-dee-aht soh-tsee-ah-leh muh ndee-moyn tuh chuhn-droy ee lee-thoor meh meeq-teh.)

780. Email is my primary mode of communication.
Emaili është mënyra kryesore e komunikimit tim.
(Eh-mah-ee-lee esh-teh muh-nyrah krye-soh-reh eh koh-moo-nee-kee-meet teem.)

781. I use messaging apps to chat with family.
Përdor aplikacione mesazhimi për të biseduar me familjen.
(Pur-dor ah-plee-kah-tsee-oh-neh meh-sah-zhee-mee pur tuh bee-say-doo-ahr meh fah-meel-yen.)

782. Voice and video calls keep me in touch with loved ones.
Thirrjet me zë dhe video më mbajnë në kontakt me të dashurit.
(Theer-ryet meh zeh dhe vee-dee-oh muh mah-yneh neh kon-tahkt meh teh dah-shoo-reet.)

783. Online forums are a great source of information.
Forumet online janë një burim i shkëlqyer informacioni.
(For-oo-met on-lyne yah-neh nyuh boo-reem ee shkull-chyehr een-for-mah-tsee-oh-nee.)

784. I trust encrypted messaging services for privacy.
Besoj në shërbimet e mesazheve të enkriptuara për privatësi.
(Beh-soy neh shur-bee-met eh meh-sah-zheveh tuh en-kreep-too-ah-rah pur pre-vah-tuh-see.)

785. Webinars are a valuable resource for learning.
Seminarët online janë një burim i vlefshëm për mësim.
(Seh-mee-nah-ret on-lyne yah-neh nyuh boo-reem ee vleh-fshuhm pur muh-seem.)

786. VPNs enhance online security and privacy.
VPN-at përmirësojnë sigurinë dhe privatësinë online.
(Vee-Pee-En-aht pur-mee-ruh-soy-neh see-goo-ree-neh dheh pre-vah-tuh-see-neh on-lyne.)

Fun Fact: The country's national tree is the olive tree, symbolizing peace and longevity.

787. Cloud-based collaboration tools are essential for teamwork.
Mjetet e bashkëpunimit bazuar në cloud janë thelbësore për punën në grup.
(Mye-tet eh bash-kuh-poo-nee-meet bah-zoo-ahr neh klowd yah-neh thel-buh-soh-reh pur poo-nehn neh groop.)

788. I prefer using a wireless router at home.
Preferoj të përdor një router pa tela në shtëpi.
(Pre-feh-roj tuh pur-dor nyuh roo-ter pah teh-lah neh shtuh-pee.)

789. Online banking simplifies financial transactions.
Bankarizimi online thjeshton transaksionet financiare.
(Ban-kah-ree-zee-mee on-lyne thyeh-sh-tohn trahn-sahk-syo-net feen-an-see-ah-reh.)

> **Fun Fact:** Albania's Lake Ohrid is one of the oldest and deepest lakes in Europe, offering unique biodiversity.

790. VoIP services are cost-effective for international calls.
Shërbimet VoIP janë efektive në kosto për thirrjet ndërkombëtare.
(Shur-bee-met Voh-IP yah-neh eh-fek-tee-veh neh ko-stoh pur thee-rryet nuhr-kom-buh-tah-reh.)

791. I enjoy online shopping for convenience.
Më pëlqen blerja online për shkak të lehtësisë.
(Muh pul-chen bler-ya on-lyne pur shkahk tuh leh-tuh-see-suh.)

792. Social networking sites connect people globally.
Faqet e rrjeteve sociale lidhin njerëzit në mbarë botën.
(Fah-jet eh rruh-ye-teh-veh soh-tsee-ah-leh lee-dheen nyuh-reh-zit neh mba-reh boh-tehn.)

793. E-commerce platforms offer a wide variety of products.
Platforma e tregtisë elektronike ofron një gamë të gjerë produktesh.
(Plat-for-mah eh tre-guh-see eh-lek-tro-nee-keh oh-frohn nyuh gah-muh tuh jeh-ruh pro-duk-tehsh.)

> Idiomatic Expression: "Të bjerë në sy."
> Meaning: "To catch one's attention."
> (Literal translation: "To fall in the eye.")

794. Mobile banking apps make managing finances easy.
Aplikacionet e bankave mobile e bëjnë menaxhimin e financave të lehtë.
(Ah-plee-kah-tsee-oh-net eh ban-kah-veh mo-bi-leh eh byeh-nyuh meh-nah-zhee-min eh fee-nan-tsah-veh tuh leh-tuh.)

795. I'm active on professional networking sites.
Jam aktiv në faqet e rrjetit profesional.
(Yahm ahk-teev neh fa-ket eh rr-je-teet pro-fe-syo-nahl.)

796. Virtual private networks protect my online identity.
Rrjetet virtuale private mbrojnë identitetin tim online.
(Rr-je-tet vee-rtoo-ah-leh pree-vah-teh mbroh-nyuh ee-den-tee-teh-teem ohn-lyne.)

797. Instant messaging apps are great for quick chats.
Aplikacionet për mesazhe të menjëhershme janë të shkëlqyera për biseda të shpejta.
(Ah-plee-kah-tsee-oh-net pur meh-sah-zheh tuh meh-nye-hersh-meh yah-neh tuh shkell-chye-rah pur bee-seh-dah tuh shpeh-tah.)

Troubleshooting Technical Issues

798. My computer is running slow; I need to fix it.
Kompjuteri im është i ngadaltë; duhet ta rregulloj.
(Kohm-pyoo-teh-ree eem esh-teh ee ngah-dahl-teh; doo-het tah reh-guh-loh-y.)

799. I'm experiencing network connectivity problems.
Po përjetoj probleme me lidhjen e rrjetit.
(Poh pur-ye-toy proh-bleh-meh meh leedh-jen eh rr-je-teet.)

800. The printer isn't responding to my print commands.
Printeri nuk po përgjigjet ndaj urdhrave të mi të shtypit.
(Preen-teh-ree nook poh pur-gjig-jet ndahy oordh-rah-veh tuh mee tuh shty-pee-t.)

> **Fun Fact:** The Albanian flag was raised for the first time in Vlorë in 1912, marking the declaration of independence.

801. My smartphone keeps freezing; it's frustrating.
Smartphone-i im ngec vazhdimisht; është frustrues.
(Smaart-fohn-ee eem ngech vahzh-dee-misht; esh-teh froo-stru-ehs.)

802. The Wi-Fi signal in my house is weak.
Sinjali Wi-Fi në shtëpinë time është i dobët.
(See-nyah-lee Vee-Fee neh shteh-pee-neh tee-meh esh-teh ee doh-bet.)

803. I can't access certain websites; it's a concern.
Nuk mund të hyj në disa faqe interneti; është një shqetësim.
(Nook moond tuh hooee neh dee-sah fa-kue een-tehr-neh-tee; esh-teh nyuh shcheh-teh-seem.)

804. My laptop battery drains quickly; I need a solution.
Bateria e laptopit tim zbrazet shpejt; kam nevojë për një zgjidhje.
(Bah-tee-ree-ah eh lah-toh-peet teem zbrah-zet shpeht; kahm neh-voh-yeh pur nyuh zhghee-jeh.)

805. There's a software update available for my device.
Ka një përditësim software-i të disponueshëm për pajisjen time.
(Kah nyuh pur-dee-teh-seem sohf-tvah-ree ee tuh dee-spo-noo-eh-shehm pur pah-yee-syen tee-meh.)

806. My email account got locked; I need to recover it.
Llogaria ime e postës elektronike është bllokuar; kam nevojë ta rikuperoj.
(Lloh-gah-ree-ah ee-meh eh poh-stahs eh-lehk-troh-nee-keh esht blloh-koo-ahr; kahm neh-voh-yeh tah ree-koo-peh-roj.)

807. The screen on my tablet is cracked; I'm upset.
Ekrani i tabletës sime është çarë; jam i mërzitur.
(Eh-krah-nee ee tah-bleh-tehs see-meh esht chah-reh; yahm ee merr-zee-toor.)

808. My webcam isn't working during video calls.
Kamera ime web nuk funksionon gjatë thirrjeve video.
(Kah-meh-rah ee-meh vehb nook foonk-syoh-nohn jah-teh thee-rryeh-veh vee-deh-oh.)

809. My phone's storage is almost full; I need to clear it.
Hapësira e ruajtjes së telefonit tim është pothuajse e plotë; kam nevojë ta pastroj.
(Hah-puh-see-rah eh roo-ahy-tyehs suh teh-leh-foh-neet teem esht poh-thoo-ah-seh eh ploh-teh; kahm neh-voh-yeh tah pahs-troy.)

810. I accidentally deleted important files; I need help.
Fshiva pa dashje skedarë të rëndësishëm; kam nevojë për ndihmë.
(Fshee-vah pah dah-shyeh skeh-dah-ruh tuh ruhn-duh-shee-shehm; kahm neh-voh-yeh pur ndee-muh.)

> **Fun Fact:** The traditional Albanian eagle symbolizes freedom and heroism.

811. My smart home devices are not responding.
Pajisjet e shtëpisë sime inteligjente nuk po përgjigjen.
(Pah-yees-yet eh shteh-pee-suh see-meh een-teh-leeh-jehn-teh nook poh pur-ghee-gyehn.)

812. The GPS on my navigation app is inaccurate.
GPS-i në aplikacionin tim të navigimit është i pasaktë.
(Gee-Pee-Ess-ee nuh ah-plee-kah-tsyoh-neen teem tuh nah-vee-gih-meet esht ee pah-sahk-tuh.)

813. My antivirus software detected a threat; I'm worried.
Softueri im antivirus ka zbuluar një kërcënim; jam i shqetësuar.
(Sohf-too-eh-ree eem an-tee-vee-roos kah zboo-loo-ahr nyuh kuhrr-cheh-neem; yahm ee shcheh-tuh-soo-ahr.)

814. The touchscreen on my device is unresponsive.
Ekrani me prekje i pajisjes sime nuk përgjigjet.
(Ehk-rah-nee meh prehk-yeh ee pah-yees-yehs see-meh nook pur-ghee-gyet.)

815. My gaming console is displaying error messages.
Konsola ime e lojërave po shfaq mesazhe gabimi.
(Kohn-soh-lah ee-meh eh loh-yeh-rah-veh poh shfahk meh-sah-zheh gah-bee-mee.)

816. I'm locked out of my social media account.
Jam bllokuar nga llogaria ime në rrjetet sociale.
(Yahm blloh-koo-ar nah lloh-gah-ree-ah ee-meh neh rreh-yet-et soh-tsi-ah-leh.)

817. The sound on my computer is distorted.
Zëri në kompjuterin tim është i shtrembëruar.
(Zeh-ree neh kom-pyoo-teh-reen teem esht-eh ee shtrehm-beh-roo-ar.)

818. My email attachments won't open; it's frustrating.
Shtojcat e emailit tim nuk hapen; është frustruese.
(Shtoy-chaht eh eh-mah-eel-eet teem nook hah-pehn; esht-eh froo-stru-eh-seh.)

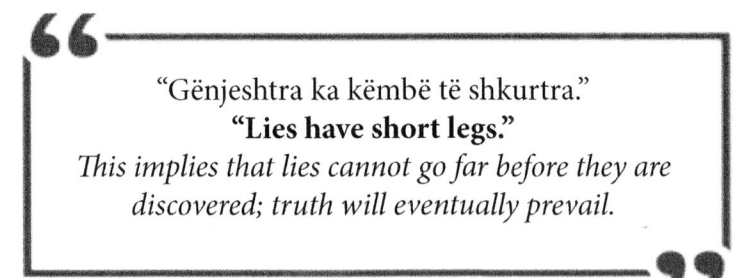

> "Gënjeshtra ka këmbë të shkurtra."
> **"Lies have short legs."**
> This implies that lies cannot go far before they are discovered; truth will eventually prevail.

Cross Word Puzzle: Technology & Communication
(Provide the English translation for the following Albanian words)

Down

1. - INTERNETI
2. - SOFTWARE
4. - HYRJA
6. - KARREGATORI
10. - KRIPTLOGJIA
11. - TASTIERË
13. - BATERI

Across

3. - EKRAN
5. - KRIPTIMI
7. - TË DHËNAT
8. - PRINTER
9. - WEBCAM
12. - LEXUESI
14. - RRJETI
15. - ROUTER

Correct Answers:

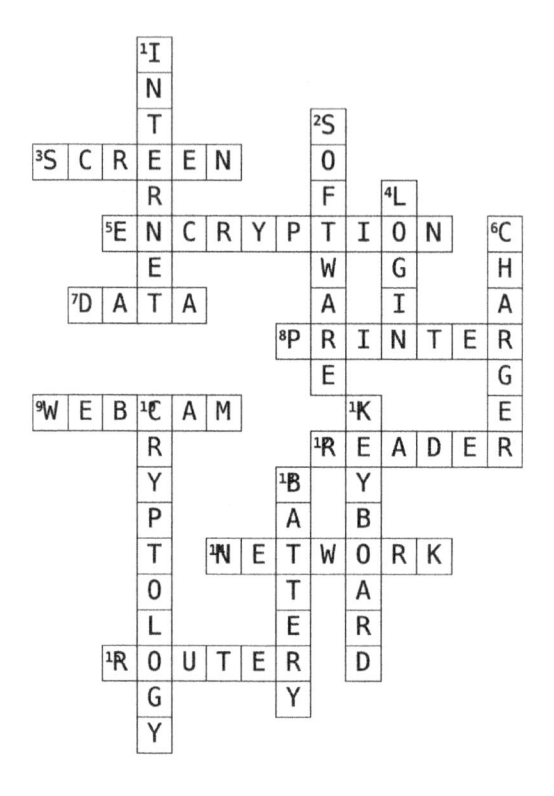

```
            ¹I
            N
            T              ²S
³S  C  R    E  E  N        O
            R              F      ⁴L
         ⁵E N  C  R  Y  P  T  I  O  N      ⁶C
            E              W        G      H
      ⁷D A  T  A           A        I      A
                        ⁸P R  I  N  T  E   R
                           E               G
⁹W E  B ¹⁰C A  M           ¹¹K             E
         R              ¹²R E  A  D  E  R
         Y        ¹³B      Y
         P        A        B
         T   ¹⁴N  E  T  W  O  R  K
         O        T        A
         L        E        R
      ¹⁵R O  U  T  E  R    D
         G        Y
         Y
```

186

SPORTS & RECREATION

- DISCUSSING SPORTS, GAMES, & OUTDOOR ACTIVITIES -
- PARTICIPATING IN RECREATIONAL ACTIVITIES -
- EXPRESSING ENTHUSUASM OR FRUSTRATION -

Sports, Games, & Outdoor Activities

819. I love playing soccer with my friends.
Më pëlqen të luaj futboll me miqtë e mi.
(Muh puhlcen tuh loo-eye foot-boll meh mick-tuh eh mee.)

820. Basketball is a fast-paced and exciting sport.
Basketbolli është një sport i shpejtë dhe emocionues.
(Bas-keh-tbol-lee esh-tuh nyuh sport ee shpeht dheh emo-tsee-on-oo-es.)

821. Let's go for a hike in the mountains this weekend.
Le të shkojmë për një shëtitje në male këtë fundjavë.
(Leh tuh shkoy-muh pur nyuh shuh-tee-tyeh nuh mah-leh kuh-teh foond-jah-vuh.)

822. Playing chess helps improve my strategic thinking.
Të luajturit e shahut ndihmon në përmirësimin e mendimit strategjik.
(Tuh loo-eye-too-reet eh shah-oot ndeeh-mon nuh pur-mee-ree-see-meen eh men-dee-meet stra-teh-jee-k.)

823. I'm a fan of tennis; it requires a lot of skill.
Jam fans i tenisit; kërkon shumë aftësi.
(Yahm fahns ee teh-nee-seet; kurr-kon shoo-muh ahf-tuh-see.)

824. Are you up for a game of volleyball at the beach?
A je për një lojë volejboli në plazh?
(Ah yeh pur nyuh loh-yuh voh-ley-bol-ee nuh plahzh?)

825. Let's organize a game of ultimate frisbee.
Le të organizojmë një lojë ultimate frisbee.
(Leh tuh or-gah-nee-zoy-muh nyuh loh-yuh ool-tee-maht freez-bee.)

826. Baseball games are a great way to spend the afternoon.
Lojërat e bejsbollit janë një mënyrë e shkëlqyer për të kaluar pasditen.
(Loy-rrat eh bayz-bol-leet yah-neh nyuh muh-ny-rah eh shkel-kyer pur tuh kah-loo-ahr pahs-dee-tehn.)

827. Camping in the wilderness is so peaceful.
Kampingu në natyrë është aq paqësor.
(Kahm-peen-goo nuh nah-tyuh-reh esh-tuh ahk pah-qeh-sor.)

828. I enjoy swimming in the local pool.
Më pëlqen të notoj në pishinën lokale.
(Muh puhlcen tuh no-toy nuh pee-shee-nuhn loh-kah-leh.)

829. I'm learning to play the guitar in my free time.
Mësoj të luaj me kitarë në kohën time të lirë.
(Muh-soy tuh loo-eye meh kee-tah-reh nuh koh-hehn tee-meh tuh lee-ruh.)

830. Skiing in the winter is an exhilarating experience.
Të skiuarit dimrit është një përvojë emocionuese.
(Tuh skee-oo-ah-reet dee-mreet esh-tuh nyuh pur-voy-uh emo-tsee-on-oo-eh-seh.)

831. Going fishing by the lake is so relaxing.
Të peshkuarit pranë liqenit është aq relaksues.
(Tuh pesh-koo-ah-reet prah-neh lee-queh-neet esh-tuh ahk re-lahk-soo-es.)

832. We should have a board game night with friends.
Duhej të organizonim një mbrëmje lojërash me miqtë.
(Doo-heh tuh or-gah-nee-zoh-neem nyuh mm-brem-yeh loy-rrash meh mick-tuh.)

833. Martial arts training keeps me fit and disciplined.
Stërvitja në arte marciale më mban në formë dhe të disiplinuar.
(Stuhr-vee-tyah neh ahr-teh mar-see-ah-leh muh mban neh form dheh teh dee-si-plee-noo-ar.)

834. I'm a member of a local running club.
Jam anëtar i një klubi vrapimi lokal.
(Yahm ah-neh-tar ee nyuh kloo-bee vrah-pee-mee loh-kahl.)

835. Playing golf is a great way to unwind.
Të luash golf është një mënyrë e shkëlqyer për të çlodhur.
(Tuh loo-ash golf esh-tuh nyuh muh-ny-rah eh shkely-qyer pur tuh chloh-dhoor.)

836. Yoga classes help me stay flexible and calm.
Klasat e jogës më ndihmojnë të qëndroj fleksibël dhe i qetë.
(Klah-saht eh yo-guhs muh ndeeh-moyn tuh chuhn-droy flek-see-buhl dheh ee chuh-tuh.)

837. I can't wait to go snowboarding this season.
Nuk kam durim të shkoj për snowboarding këtë sezon.
(Nook kahm doo-reem tuh shkoy pur snoh-boar-ding kuh-tuh seh-zohn.)

838. Going kayaking down the river is an adventure.
Të shkosh me kajak në lum është një aventurë.
(Tuh shkosh meh kai-yak nuh loom esh-tuh nyuh ah-ven-too-ruh.)

839. Let's organize a picnic in the park.
Le të organizojmë një piknik në park.
(Leh tuh or-gah-nee-zoy-muh nyuh peek-neek nuh pahrk.)

Participating in Recreational Activities

840. I enjoy painting landscapes as a hobby.
 Më pëlqen të pikturoj peizazhe si hobi.
 (Muh puhl-qen tuh peek-too-roy pey-zazh-eh see hoh-bee.)

841. Gardening is a therapeutic way to spend my weekends.
 Kopshtaria është një mënyrë terapeutike për të kaluar fundjavët.
 (Kop-shta-ree-ah esh-tuh nyuh muh-ny-rah teh-rahp-oo-tee-keh pur tuh kah-loo-ar foon-jah-vet.)

842. Playing the piano is my favorite pastime.
 Të luaj pianon është koha ime e preferuar.
 (Tuh loo-ay pee-ah-non esh-tuh koh-hah eem eh preh-feh-roo-ar.)

843. Reading books helps me escape into different worlds.
 Leximi i librave më ndihmon të arratisem në bota të ndryshme.
 (Leh-xee-mee ee lee-brah-veh muh ndeeh-mohn tuh ah-rah-tee-sem neh boh-tah tuh ndree-shmeh.)

844. I'm a regular at the local dance classes.
 Jam një frekuentues i rregullt i klasave të vallëzimit lokale.
 (Yahm nyuh freh-kwen-too-es ee rreh-goolt ee klah-sahv teh vah-lluh-zee-meet loh-kah-leh.)

845. Woodworking is a skill I've been honing.
 Punimi me dru është një aftësi që kam qenë duke përmirësuar.
 (Poo-nee-mee meh droo esh-tuh nyuh ahf-tuh-see chuh kahm cheh-neh doo-keh pur-mee-rreh-suar.)

846. I find solace in birdwatching at the nature reserve.
Gjej qetësi duke vëzhguar zogjtë në rezervatin natyror.
(Gjey cheh-see doo-keh vehzh-goo-ar zoh-jt neh reh-zehr-vah-tin nah-ty-ror.)

847. Meditation and mindfulness keep me centered.
Meditimi dhe vëmendshmëria më mbajnë të qendruar.
(Meh-dee-tee-mee dheh vuh-mend-shmeh-ree-ah muh mbah-nyuh tuh chen-droo-ar.)

848. I've taken up photography to capture moments.
Kam filluar të merrem me fotografimin për të kapur momentet.
(Kahm fee-lyar tuh mehr-rem meh fo-toh-grah-fee-min pur tuh kah-pur mo-men-teht.)

849. Going to the gym is part of my daily routine.
Të shkuarit në palestër është pjesë e rutinës sime ditore.
(Tuh shkoo-ah-reet neh pah-les-tuhr esh-tuh pyeh-seh eh roo-tee-nehs see-meh dee-toh-reh.)

850. Cooking new recipes is a creative outlet for me.
Gatuajtja e recetave të reja është një rrugëdalje krijuese për mua.
(Gah-too-eye-tyah eh reh-tseh-tahv tuh reh-yah esh-tuh nyuh rrroo-guh-dahl-yeh kree-yoo-eh-seh pur moo-ah.)

851. Building model airplanes is a fascinating hobby.
Ndërtimi i avionëve model është një hobi tërheqës.
(Nduhr-tee-mee ee ah-vee-on-ev mo-del esh-tuh nyuh hoh-bee tuhr-heq-uhs.)

852. I love attending art exhibitions and galleries.
Më pëlqen të vizitoj ekspozita arti dhe galeritë.
(Muh puhl-qen tuh vee-zee-toy eks-poh-zee-tah ahr-tee dheh gah-leh-ree-tuh.)

853. Collecting rare stamps has been a lifelong passion.
Mbledhja e pullave të rralla ka qenë një pasion i gjatë jetës.
(Mblehdh-yah eh poo-lahv tuh rrah-lah kah qeh-neh nyuh pah-see-on ee yah-tuh jeh-tehs.)

854. I'm part of a community theater group.
Jam pjesë e një grupi teatror komunitar.
(Yahm pyeh-seh eh nyuh groo-pee teh-ah-trohr koh-moo-nee-tar.)

855. Birdwatching helps me connect with nature.
Vëzhgimi i zogjve më ndihmon të lidhem me natyrën.
(Vuhzh-gi-mee ee zoh-jvuh muh ndeeh-mon tuh lee-dhehm meh nah-ty-ruhn.)

856. I'm an avid cyclist and explore new trails.
Jam një çiklist i zellshëm dhe eksploroj shtigje të reja.
(Yahm nyuh chik-leest ee zell-shehm dheh eks-ploh-roj shtee-gyeh tuh reh-yah.)

857. Pottery classes allow me to express myself.
Kursi i qeramikës më lejon të shprehem.
(Koor-see ee cheh-rah-mee-kehs muh leh-john tuh shpreh-em.)

858. Playing board games with family is a tradition.
Të luajturit e lojërave me tabela me familjen është një traditë.
(Tuh loo-eye-too-reet eh loy-rah-vuh meh tah-beh-lah meh fah-mee-lyen esh-tuh nyuh trah-dee-tuh.)

859. I'm practicing mindfulness through meditation.
Ushqim vëmendshmëri përmes meditimit.
(Oosh-qeem veh-mend-shmeh-ree pur-mes meh-dee-tee-meet.)

860. I enjoy long walks in the park with my dog.
Më pëlqen të bëj shëtitje të gjata në park me qenin tim.
(Muh puhl-qen tuh b'j sh'tee-tyeh tuh gjah-tah nuh park meh cheh-neen teem.)

> **Cultural Insight:** One of the oldest languages in Europe, Albanian stands alone in its own branch of the Indo-European language family, highlighting the country's unique cultural and historical path.

Expressing Enthusiasm or Frustration

861. I'm thrilled we won the championship!
Jam i emocionuar që fituam kampionatin!
(Yahm ee eh-mo-tsi-o-nu-ar ch'uh fee-tu-am kahm-pee-on-ah-teen!)

862. Scoring that goal felt amazing.
Shënimi i atij goli ishte mahnitës.
(Shuh-nee-mee ee ah-tee-y goh-lee eesht-uh mah-nee-tuhs.)

863. It's so frustrating when we lose a game.
Është shumë frustruese kur humbim një ndeshje.
(Uhsht-uh shoo-muh froo-struh-eh-suh koor hoom-beem nyuh ne-desh-yeh.)

864. I can't wait to play again next week.
Nuk mund të pres të luaj përsëri javën e ardhshme.
(Nook moond tuh prehs tuh loo-ay purr-suh-ree yah-vehn uh ahrd-shmeh.)

> **Fun Fact:** The Albanian word "mirë" means both "good" and "well."

865. Our team's performance was outstanding.
Performanca e ekipit tonë ishte e shkëlqyer.
(Pur-for-man-tsah eh eh-keep-eet toh-neh eesht-uh eh shk'lyeh-yer.)

866. We need to practice more; we keep losing.
Na duhet të stërvitemi më shumë; vazhdojmë të humbasim.
(Nah doo-het tuh stuhr-vee-teh-mee muh shoo-muh; vahzhdoy-muh tuh hoom-bah-seem.)

867. I'm over the moon about our victory!
Jam në qiell nga fitorja jonë!
(Yahm nuh chee-ell ngah fee-toh-ryah yoh-neh!)

> **Language Learning Tip:** Learn About Albanian Culture - Understanding the culture can enhance your language learning and make it more meaningful.

868. I'm an avid cyclist and explore new trails.
Jam një çiklist i zellshëm dhe eksploroj shtigje të reja.
(Yahm nyuh chik-leest ee zell-shehm dheh eks-plo-roj shtee-gyeh tuh reh-yah.)

869. The referee's decision was unfair.
Vendimi i referit ishte i padrejtë.
(Vehn-dee-mee ee reh-feh-reet eesht-uh ee pah-dreht.)

870. We've been on a winning streak lately.
Kohët e fundit kemi qenë në një seri fitoresh.
(Koh-eht eh foon-deet keh-mee cheh-neh nuh nyuh seh-ree fee-toh-resh.)

871. I'm disappointed in our team's performance.
Jam i zhgënjyer nga performanca e ekipit tonë.
(Yahm ee zhguh-nyeh-yer ngah pur-for-man-tsah eh eh-keep-eet toh-neh.)

872. The adrenaline rush during the race was incredible.
Ndjesia e adrenalinës gjatë garës ishte e mahnitshme.
(Ndje-si-a e ad-re-na-li-nës gja-të ga-rës ish-te e mah-nit-shme.)

873. We need to step up our game to compete.
Ne duhet të përmirësojmë lojën tonë për të konkurruar.
(Neh duh-et të pë-rmi-rë-so-jmë lo-yën ton-ë për të kon-ku-ru-ar.)

874. Winning the tournament was a dream come true.
Fitimi i turneut ishte një ëndërr e bërë realitet.
(Fi-ti-mi i tur-ne-ut ish-te një ën-dërr e bë-rë re-a-li-tet.)

875. I was so close to scoring a goal.
Ishim shumë afër të shënonim një gol.
(I-shim shu-më a-fër të shë-no-nim një gol.)

876. We should celebrate our recent win.
Ne duhet të festojmë fitoren tonë të fundit.
(Neh duh-et të fes-to-jmë fi-to-ren ton-ë të fun-dit.)

877. Losing by a narrow margin is frustrating.
Humbja me një diferencë të ngushtë është frustruese.
(Hum-bja me një di-fe-ren-cë të ngu-shtë është fru-stru-e-se.)

878. Let's train harder to improve our skills.
Le të stërvitemi më fort për të përmirësuar aftësitë tona.
(Le të stër-vi-te-mi më fort për të pë-rmi-rë-suar af-të-si-të to-na.)

879. The match was intense from start to finish.
Ndeshja ishte intensive nga fillimi deri në fund.
(Nde-shja ish-te in-ten-si-ve nga fi-lli-mi de-ri në fund.)

880. I'm proud of our team's sportsmanship.
Jam krenar për sportivitetin e ekipit tonë.
(Jam kre-nar për spor-ti-vi-te-tin e e-ki-pit ton-ë.)

881. We've faced tough competition this season.
Kemi hasur konkurrencë të ashpër këtë sezon.
(Ke-mi ha-sur kon-ku-rren-cë të ash-për kë-të se-zon.)

882. I'm determined to give it my all in the next game.
Jam i vendosur të jap gjithçka në lojën e ardhshme.
(Jam i ven-do-sur të jap gjith-çka në lo-jën e ar-dhsh-me.)

> "Nëse dëshiron të dëgjosh të vërtetën, pyet fëmijët."
> **"If you want to hear the truth, ask children."**
> *This celebrates the honesty and straightforwardness of children, suggesting that they offer unfiltered perspectives.*

Mini Lesson:
Basic Grammar Principles in Albanian #3

Introduction:

As we delve deeper into the Albanian language, we continue to uncover more complex grammatical structures that enrich communication. This third installment of our grammar series will guide you through additional layers of Albanian grammar, providing you with the tools for a more nuanced expression and comprehension.

1. Clitic Pronouns:

Albanian employs clitic pronouns for indirect objects and direct objects, which often precede the verb.

- *Më dha (He/She gave me)*
- *Ta jap (I give you)*

2. Infinitive Forms:

The infinitive in Albanian is typically expressed with "të" before the verb, akin to "to" in English.

- *Të shkoj (To go)*
- *Të lexoj (To read)*

3. Mood:

Besides the indicative, Albanian verbs can express subjunctive, imperative, and optative moods, adding a layer of subtlety to statements, wishes, and commands.

- *Subjunctive: Të jem (To be)*
- *Imperative: Shko! (Go!)*
- *Optative: Qoftë! (May it be!)*

4. Aspect:

Albanian verbs indicate not only time but also aspect, distinguishing between actions that are completed (perfective) and those that are ongoing or habitual (imperfective).

- *Perfective: E lexova librin (I read the book [completely]).*
- *Imperfective: Lexoja librin (I was reading the book).*

5. Reported Speech:

In reported speech, Albanian shifts the perspective and tense as in English, often using "tha" (said) to introduce the reported clause.

- *Ai tha që është i lumtur (He said that he is happy).*

6. Passive Voice:

The passive voice in Albanian is formed with "u" + past participle or "të" + present participle for ongoing actions.

- *U hap dyra (The door was opened).*
- *Është të hapur (It is being opened).*

7. Conditional Sentences:

Conditional sentences in Albanian use "nëse" (if) or "po qe se" (in case) to introduce conditions, with verb forms changing according to the condition's likelihood.

- *Nëse do të shkoja, do të të thërrisja (If I were to go, I would call you).*

8. Reflexive and Reciprocal Actions:

Reflexive and reciprocal actions in Albanian are expressed with "vetë" or "njëri-tjetrit."

- *Ai la veten (He washed himself).*
- *Ata duan njëri-tjetrin (They love each other).*

Conclusion:

Exploring these advanced grammatical structures will allow you to express complex ideas and understand nuanced conversations in Albanian. Engaging with native speakers and immersive content will accelerate your learning process. Remember, consistent practice is the key to mastery. Paç fat! (Good luck!)

TRANSPORT & DIRECTIONS

- ASKING FOR AND GIVING DIRECTIONS -
- USING TRANSPORTATION-RELATED PHRASES -

Asking for and Giving Directions

883. Can you tell me how to get to the nearest subway station?
A mund të më tregoni si të shkoj te stacioni më i afërt i metrosë?
(A moond tuh muh tro-go-nee see tuh shkoy tuh sta-tsee-o-nee muh ee ah-fairt ee me-tro-suh?)

884. Excuse me, where's the bus stop for Route 25?
Më falni, ku është ndalesa e autobusit për Linjën 25?
(Muh fahl-nee, koo usht n-dah-le-sah eh ow-toh-boo-seet pair Lin-yuhn 25?)

885. Could you give me directions to the city center?
A mund të më jepni udhëzime për në qendrën e qytetit?
(A moond tuh muh yep-nee oo-dheh-zee-meh pair nuh chen-druhn eh chye-te-teet?)

886. I'm looking for a good place to eat around here. Any recommendations?
Po kërkoj një vend të mirë për të ngrënë këtu rrotull. Ndokush rekomandon diçka?
(Po kuh-rkoy nyuh vend tuh meer pair tuh ngruh-neh kuh-too roh-tooll. Ndo-kush re-ko-mon-don dee-chka?)

887. Which way is the nearest pharmacy?
Nga cila anë është farmacia më e afërt?
(Nga chee-lah ah-neh usht far-ma-see-ah muh eh ah-fairt?)

888. How do I get to the airport from here?
Si të shkoj në aeroport nga këtu?
(See tuh shkoy nuh ah-eh-ro-port nga kuh-too?)

889. Can you point me to the nearest ATM?
A mund të më tregoni ku është ATM-ja më e afërt?
(A moond tuh muh tro-go-nee koo usht ATM-ya muh eh ah-fairt?)

890. I'm lost. Can you help me find my way back to the hotel?
Jam i humbur. A mund të më ndihmoni të gjej rrugën e kthimit në hotel?
(Yam ee hoom-boor. A moond tuh muh n-dee-mo-nee tuh gyey rr-oo-guhn eh kthee-meet nuh ho-tel?)

891. Where's the closest gas station?
Ku është stacioni i benzinës më i afërt?
(Koo usht sta-tsee-o-nee ee ben-zee-nuhs muh ee ah-fairt?)

892. Is there a map of the city available?
A ka një hartë të qytetit në dispozicion?
(A kah nyuh hahr-tuh tuh chye-te-teet nuh dees-poh-zee-tsee-on?)

893. How far is it to the train station from here?
Sa larg është stacioni i trenit nga këtu?
(Sah laarg usht sta-tsee-o-nee ee treh-neet nga kuh-too?)

894. Which exit should I take to reach the shopping mall?
Cilën dalje duhet të marr për të arritur në qendrën tregtare?
(Chee-len dah-lyeh doo-het tuh mahr pair tuh ah-rree-toor nuh chen-druhn treg-tah-reh?)

895. Where can I find a taxi stand around here?
Ku mund të gjej një stacion taksi rreth kësaj zone?
(Koo moond tuh gyey nyuh sta-tsee-on tahk-see rreth kuh-sigh zo-neh?)

896. Can you direct me to the main tourist attractions?
A mund të më udhëzoni drejt atraksioneve kryesore turistike?
(A moond tuh muh oo-dhuh-zoh-nee dreyt ah-trak-see-oh-neh-vay krye-sor-ray too-ree-stee-kay?)

> **Fun Fact:** Albania is one of the world's leading producers of medicinal and aromatic plants.

897. I need to go to the hospital. Can you provide directions?
Kam nevojë të shkoj në spital. A mund të më jepni udhëzime?
(Kahm neh-voh-yuh tuh shkoy nuh spee-tahl. A moond tuh muh yep-nee oo-dhuh-zee-may?)

898. Is there a park nearby where I can go for a walk?
A ka një park në afërsi ku mund të bëj një shëtitje?
(A kah nyuh park nuh ah-fair-see koo moond tuh buh nyuh shuh-tee-tyeh?)

899. Which street should I take to reach the museum?
Cilën rrugë duhet të marr për të arritur në muze?
(Chee-len rr-oo-guh doo-het tuh mahr pair tuh ah-ree-toor nuh moo-zay?)

900. How do I get to the concert venue?
Si të shkoj te vendi i koncertit?
(See tuh shkoy tay vehn-dee ee kon-chair-teet?)

901. Can you guide me to the nearest public restroom?
A mund të më udhëzoni për në tualetin publik më të afërt?
(A moond tuh muh oo-dhuh-zoh-nee pair nuh too-ah-let-een poo-bleek muh tuh ah-fairt?)

902. Where's the best place to catch a cab in this area?
Ku është vendi më i mirë për të kapur një taksi në këtë zonë?
(Koo usht vehn-dee muh ee meer pair tuh kah-poor nyuh tahk-see nuh kuh-tuh zoh-nuh?)

Buying Tickets

903. I'd like to buy a one-way ticket to downtown, please.
Dëshiroj të blej një biletë një-drejtimi për në qendër, ju lutem.
(Duh-shee-roj tuh blyeh nyuh bee-leh-tuh nyuh-drey-tee-mee pair nuh chen-dair, yoo loo-tem.)

904. How much is a round-trip ticket to the airport?
Sa kushton një biletë vajtje-ardhje për në aeroport?
(Sah koosh-tohn nyuh bee-leh-tuh vah-ytyeh-ardh-yeh pair nuh ah-eh-ro-port?)

905. Do you accept credit cards for ticket purchases?
A pranoni kartat e kreditit për blerjen e biletave?
(A prah-no-nee kar-taht eh kreh-dee-teet pair blair-yen eh bee-leh-tah-vay?)

906. Can I get a student discount on this train ticket?
A mund të marr një zbritje për studentë në këtë biletë treni?
(A moond tuh mahr nyuh zbreetyeh pair stoo-den-tuh nuh kuh-tuh bee-leh-tuh treh-nee?)

907. Is there a family pass available for the bus?
A ka një abonim familjar për autobusin?
(A kah nyuh ah-boh-neem fah-meel-yar pair ow-toh-boo-seen?)

908. What's the fare for a child on the subway?
Sa kushton një biletë për fëmijë në metro?
(Sa koosh-ton nyuh bee-let per fuh-mee-ye neh meh-tro?)

909. Are there any senior citizen discounts for tram tickets?
A ka zbritje për të moshuarit për biletat e tramvajit?
(Ah kah z-bree-tyeh per teh moh-shoo-ah-reet per bee-let-at eh tram-vah-yit?)

910. Do I need to make a reservation for the express train?
A duhet të bëj rezervim për trenin ekspres?
(Ah doo-het tuh buh-y rez-er-veem per tre-neen eks-pres?)

911. Can I upgrade to first class on this flight?
A mund të ngrit në klasën e parë në këtë fluturim?
(Ah moond tuh n-greet neh klah-sen eh pah-reh neh keh-teh floo-too-reem?)

912. Are there any extra fees for luggage on this bus?
A ka tarifa shtesë për bagazhin në këtë autobus?
(Ah kah tah-ree-fah shteh-seh per bah-gah-zheen neh keh-teh ow-toh-boos?)

913. I'd like to book a sleeper car for the overnight train.
Dëshiroj të rezervoj një vagon fjetjeje për trenin gjatë natës.
(Duh-shee-roj tuh reh-zehr-voy nyuh vah-gon fye-tyeh-ye per tre-neen gyah-teh nah-tehs.)

914. What's the schedule for the next ferry to the island?
Cili është orari i radhës për tragetin drejt ishullit?
(Chee-lee usht oh-rah-ree ee rah-thuhs per trah-je-teen dreyt ee-shoo-lit?)

915. Are there any available seats on the evening bus to the beach?
A ka vende të lira në autobusin e mbrëmjes drejt plazhit?
(Ah kah vehn-deh teh lee-rah neh ow-toh-boo-seen eh mm-brem-yes dreyt plahz-heet?)

916. Can I pay for my metro ticket with a mobile app?
A mund të paguaj për biletën e metros me një aplikacion celular?
(Ah moond tuh pah-goo-ay per bee-let-en eh meh-tros meh nyuh ah-plee-kah-tsee-on tseh-loo-lar?)

917. Is there a discount for purchasing tickets online?
A ka zbritje për blerjen e biletave online?
(Ah kah z-bree-tyeh per bler-yen eh bee-let-ah-veh on-line?)

918. How much is the parking fee at the train station?
Sa kushton tarifa e parkimit në stacionin e trenit?
(Sah koosh-ton tah-ree-fah eh pahr-kee-meet neh stah-tsee-oh-neen eh treh-nee-t?)

919. I'd like to reserve two seats for the next shuttle bus.
Dëshiroj të rezervoj dy vende për autobusin e ardhshëm navete.
(Duh-shee-roj tuh reh-zehr-voy dee vehn-deh per ow-toh-boo-seen eh ardh-shehm nah-veh-teh.)

920. Do I need to validate my ticket before boarding the tram?
A duhet të validoj biletën para se të hipi në tramvaj?
(Ah doo-het tuh vah-lee-doy bee-let-en pah-rah seh tuh hee-pee neh tram-vai?)

921. Can I buy a monthly pass for the subway?
A mund të blej një abonim mujor për metro?
(Ah moond tuh bleh nyuh ah-boh-neem moo-yor per meh-tro?)

922. Are there any group rates for the boat tour?
A ka tarifa grupore për turneun me varkë?
(Ah kah tah-ree-fah groo-poh-reh pehr toor-newn meh vahr-keh?)

> **Travel Story:** In the castle of Lëkurësi, a historian noted, "Kalatë janë dëshmitarë të kohës," meaning "Castles are witnesses of time," discussing the historical significance of Albania's fortifications.

Arranging Travel

923. I need to book a flight to Paris for next week.
Duhet të rezervoj një fluturim për në Paris javën e ardhshme.
(Doo-het tuh reh-zer-voy nyuh floo-too-reem pehr neh Pah-rees yah-ven eh ahrd-shmeh.)

924. What's the earliest departure time for the high-speed train?
Cila është ora e nisjes më e hershme për trenin e shpejtë?
(Tsee-lah usht oh-rah eh nee-syes muh eh hehr-shmeh pehr treh-neen eh shpeht?)

925. Can I change my bus ticket to a later time?
A mund ta ndryshoj biletën e autobusit për një kohë më të vonshme?
(Ah moond tah ndree-shoy bee-let-en eh ow-toh-boo-seet pehr nyuh koh-eh muh teh vohn-shmeh?)

926. I'd like to rent a car for a week.
Dëshiroj të marr me qira një makinë për një javë.
(Duh-shee-roj tuh mahr meh kee-rah nyuh mah-kee-neh pehr nyuh yah-veh.)

927. Is there a direct flight to New York from here?
A ka një fluturim direkt për në New York nga këtu?
(Ah kah nyuh floo-too-reem dee-rekt pehr neh New York ngah keh-too?)

928. I need to cancel my reservation for the cruise.
Duhet të anuloj rezervimin tim për kroçerinë.
(Doo-het tuh ah-noo-loy reh-zer-vee-meen teem pehr kro-cheh-ree-neh.)

929. Can you help me find a reliable taxi service for airport transfers?
A mund të më ndihmoni të gjej një shërbim taksi të besueshëm për transferime në aeroport?
(Ah moond tuh muh ndee-moh-nee tuh gjei nyuh shuhr-beem tahk-see teh beh-sue-shem pehr trahns-feh-ree-meh neh aeh-roh-port?)

930. I'm interested in a guided tour of the city. How can I arrange that?
Jam i interesuar për një tur të udhëhequr të qytetit. Si mund ta organizoj atë?
(Yahm ee in-teh-reh-suar pehr nyuh toor teh ood-heh-koor teh chee-teh-teet. See moond tah or-gah-nee-zoy ah-teh?)

931. Do you have any information on overnight buses to the capital?
A keni ndonjë informacion për autobusët natën për në kryeqytet?
(Ah keh-nee ndon-yuh in-for-mah-tsee-ohn pehr ow-toh-boo-sut nah-ten pehr neh kryeh-chyeh-teht?)

932. I'd like to purchase a travel insurance policy for my trip.
Dëshiroj të blej një polisë sigurimi për udhëtimin tim.
(Duh-shee-roj tuh blei nyuh poh-lee-seh see-goo-ree-mee pehr ood-heh-tee-meen teem.)

933. Can you recommend a good travel agency for vacation packages?
A mund të rekomandoni një agjenci udhëtimesh të mirë për paketa pushimi?
(Ah moond tuh reh-koh-mahn-doh-nee nyuh ah-jen-see oo-dheh-tee-mesh tuh meer puh peh-tah poo-shee-mee?)

934. I need a seat on the evening ferry to the island.
Kam nevojë për një vend në tragetin e mbrëmjes për në ishull.
(Kahm neh-voh-yuh pehr nyuh vend neh trah-geht-een eh mbrem-jes pehr neh ee-shool.)

935. How can I check the departure times for international flights?
Si mund të kontrolloj orët e nisjes për fluturimet ndërkombëtare?
(See moond tuh kohn-troh-loi oh-ret eh nee-sehs pehr floo-too-ree-met ndehr-kohm-buh-tah-reh?)

936. Is there a shuttle service from the hotel to the train station?
A ka një shërbim shuttle nga hoteli në stacionin e trenit?
(Ah kah nyuh shair-beem shuht-tul ngah ho-teh-lee neh stah-tsee-oh-neen eh treh-nee?)

937. I'd like to charter a private boat for a day trip.
Dëshiroj të marr me qira një varkë private për një udhëtim ditor.
(Duh-shee-roi tuh mahr meh kee-rah nyuh vahr-kuh pree-vah-teh pehr nyuh oo-dheh-teem dee-tohr.)

938. Can you assist me in booking a vacation rental apartment?
A mund të më ndihmoni të rezervoj një apartament pushimi me qira?
(Ah moond tuh muh ndee-moh-nee tuh reh-zehr-voy nyuh ah-pahr-tah-ment poo-shee-mee meh kee-rah?)

939. I need to arrange transportation for a group of 20 people.
Kam nevojë të organizoj transportin për një grup prej 20 personash.
(Kahm neh-voh-yuh tuh or-gah-nee-zoy trahns-por-teen pehr nyuh groop prej dveh-zhehreh pehr-soh-nahsh.)

940. What's the best way to get from the airport to the city center?
Cila është mënyra më e mirë për të shkuar nga aeroporti në qendrën e qytetit?
(Tsee-lah usht meh-ny-rah muh eh meer puh tuh shkoo-ahr ngah ah-eh-roh-por-tee neh chen-dren eh chee-teh-teet?)

941. Can you help me find a pet-friendly accommodation option?
A mund të më ndihmoni të gjej një opsion akomodimi që pranon kafshë shtëpiake?
(Ah moond tuh muh ndee-moh-nee tuh gyei nyuh op-see-on ah-koh-moh-dee-mee chuh prah-non kahf-sheh shteh-pee-ah-keh?)

942. I'd like to plan a road trip itinerary for a scenic drive.
Dëshiroj të planifikoj një itinerar udhëtimi për një drejtim piktoresk.
(Duh-shee-roj tuh pla-nee-fee-koy nyuh ee-tee-neh-rar oo-dheh-tee-mee pehr nyuh drehj-teem peek-toh-resk.)

> "Më mirë të ndizësh një qiri se sa të mallkosh errësirën."
> **"Better to light a candle than to curse the darkness."**
> *This quote advocates for positive action over complaint in tough times.*

Word Search Puzzle: Transport & Directions

CAR
MAKINË
BUS
AUTOBUS
AIRPORT
AEROPORT
SUBWAY
METRO
TAXI
TAKSI
STREET
RRUGË
MAP
HARTË
DIRECTION
DREJTIM
TRAFFIC
TRAFIK
PARKING
PARKIM
PEDESTRIAN
KËMBËSOR
HIGHWAY
AUTOSTRADË
BRIDGE
URA
TICKET
BILETË

```
Ë F D T F H M V X Y K D M Z Ë
H N U M Q E T N R Z R E A T C
J A I L B W E X P E T S E R A
V L R K O J K J J R Q L K H U
S L P T A E C T O P I Q V C W
U O L O Ë M I U Z B Ë K G E S
B Q F W Q M T J S G Y X E N A
W V F R A C D U U A Y Z F U R
A H W S Y C B R M A P D T O T
Y L D U E O R G Y D J O I S E
D T T B T Z P X C Y S P L N E
Y R D U F D U L B T S J V Z R
A C A B U M I R R N Z C U X T
L E G D I R B A D F T H N S S
P J R K P E D E S T R I A N O
V U R O O Ë F V P E D G J P E
J A A T P K U T G D I H R H F
P M Y D A O I X A T R W C V B
J U T Q G A R F V P E A T X J
C I F F A R T T H W C Y F M R
K V O N L K I R H X T B N L H
I Ë V D S D I J R W I G L F F
V S M X Y E B F O I O N R H U
P G K B K M N N A J N I Z S Z
K W E A Ë X S I O R M K F U P
M M N T T S X O C W T R O F U
A Y O H B W O T P G E A R X I
C U S R G Y P R R F J P D C V
R L F Y K X T A P U H G R Y V
A I R P O R T X R W G K Z K K
```

Correct Answers:

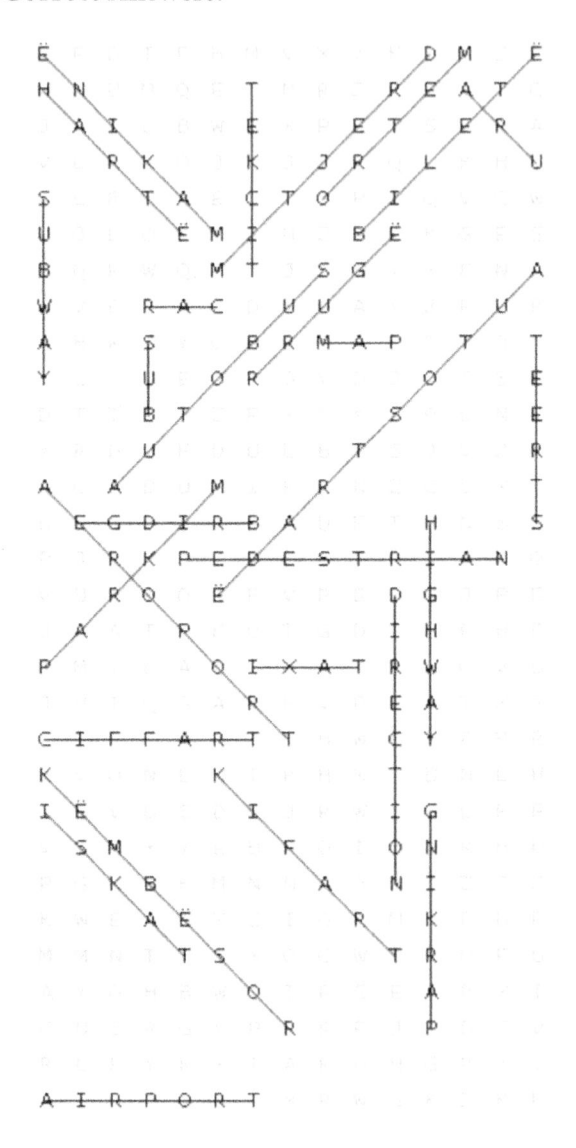

SPECIAL OCCASIONS

- EXPRESSING WELL WISHES AND CONGRATULATIONS -
- CELEBRATIONS AND CULTURAL EVENTS -
- GIVING AND RECEIVING GIFTS -

Expressing Well Wishes & Congratulations

943. Congratulations on your graduation!
Urime për diplomimin tënd!
(Oo-ree-meh pehr dee-ploh-mee-meen tend!)

944. Best wishes for a long and happy marriage.
Urime të mira për një martesë të gjatë dhe të lumtur.
(Oo-ree-meh teh mee-rah pehr nyuh mar-teh-seh teh jah-teh dheh teh loom-toor.)

945. Happy anniversary to a wonderful couple.
Urime përvjetori për një çift të mrekullueshëm.
(Oo-ree-meh pehrv-yeh-toh-ree pehr nyuh chift teh mreh-kool-loo-eh-shehm.)

946. Wishing you a speedy recovery.
Ju uroj shërim të shpejtë.
(Yoo oo-roj shuh-reem teh shpeh-tyeh.)

947. Congratulations on your new job!
Urime për punën e re!
(Oo-ree-meh pehr poo-nehn eh reh!)

> **Cultural Insight:** Albanian mythology is rich with tales of fairies, dragons, and heroes, which are often told to children and form a significant part of the country's oral tradition.

948. May your retirement be filled with joy and relaxation.
Le të mbushet pensionimi yt me gëzim dhe relaksim.
(Leh teh mboo-shet pen-see-oh-mee-mee eet meh geh-zim dheh reh-lahk-seem.)

949. Best wishes on your engagement.
Urime të mira për fejesën tuaj.
(Oo-ree-meh teh mee-rah pehr feh-ye-sehn too-ai.)

950. Happy birthday! Have an amazing day.
Gëzuar ditëlindjen! Kalofshi një ditë të mrekullueshme.
(Geh-zoo-ahr dee-teh-leend-jehn! Kah-lohf-shee nyuh dee-teh teh mreh-kool-loo-esh-meh.)

> **Cultural Insight:** Apart from the official Albanian language, several dialects are spoken throughout the country, including Gheg in the north and Tosk in the south, highlighting the linguistic diversity.

951. Wishing you success in your new venture.
Ju uroj sukses në sipërmarrjen tuaj të re.
(Yoo oo-roj soo-ksehs neh see-pehr-mar-rjehn too-ai teh reh.)

952. Congratulations on your promotion!
Urime për promovimin!
(Oo-ree-meh pehr proh-moh-vee-meen!)

953. Good luck on your exam—you've got this!
Fat i mirë në provimin tënd – ti e ke këtë!
(Fah-t ee meer neh proh-vee-meen tend – tee eh keh keh-teh!)

954. Best wishes for a safe journey.
Urime të mira për një udhëtim të sigurt.
(Oo-ree-meh teh mee-rah pehr nyuh oo-dheh-teem teh see-goo-rt.)

955. Happy retirement! Enjoy your newfound freedom.
Gëzuar pensionimin! Shijoni lirinë e re që keni gjetur.
(Geh-zoo-ar pen-see-oh-nee-meen! Shee-yoh-nee lee-ree-neh eh reh cheh keh-nee gheh-toor.)

956. Congratulations on your new home.
Urime për shtëpinë e re.
(Oo-ree-meh pehr shteh-pee-neh eh reh.)

957. Wishing you a lifetime of love and happiness.
Ju uroj një jetë të mbushur me dashuri dhe lumturi.
(Yoo oo-roj nyuh jeh-teh teh mboo-shoor meh dah-shoo-ree dheh loom-too-ree.)

958. Best wishes on your upcoming wedding.
Urime të mira për dasmën tuaj të ardhshme.
(Oo-ree-meh teh mee-rah pehr dahs-mehn too-ai teh ahrdh-shmeh.)

959. Congratulations on the arrival of your baby.
Urime për ardhjen e fëmijës tuaj.
(Oo-ree-meh pehr ahrd-jen eh feh-mee-yehs too-ai.)

960. Sending you warmest thoughts and prayers.
Ju dërgoj mendimet më të ngrohta dhe lutjet.
(Yoo duhr-goy men-dee-met meh teh n-groh-tah dheh loo-tjeht.)

961. Happy holidays and a joyful New Year!
Gëzuar festat dhe Vitin e Ri të gëzuar!
(Geh-zoo-ar fes-tat dheh Vee-teen eh Ree teh geh-zoo-ar!)

962. Wishing you a wonderful and prosperous future.
Ju uroj një të ardhme të mrekullueshme dhe të pasur.
(Yoo oo-roj nyuh teh ahrdh-meh teh mreh-kool-loo-esh-meh dheh teh pah-soor.)

Idiomatic Expression: "Të jesh në shtatë palë çizme."
Meaning: "To be very eager or ready for action."
(Literal translation: "To be in seven pairs of boots.")

Celebrations & Cultural Events

963. I'm excited to attend the festival this weekend.
 Jam i emocionuar të marr pjesë në festival këtë fundjavë.
 (Yahm ee eh-moh-tsee-oh-noo-ar teh mahr pje-seh neh fes-tee-val keh-teh foon-jah-vah.)

964. Let's celebrate this special occasion together.
 Le të festojmë këtë rast të veçantë së bashku.
 (Leh teh fes-toy-meh keh-teh rahst teh veh-chaant seh bah-shkoo.)

> **Fun Fact:** The "Eagle Dance" is a traditional Albanian dance symbolizing freedom and bravery.

965. The cultural parade was a vibrant and colorful experience.
 Parada kulturore ishte një përvojë e gjallë dhe e ngjyrshme.
 (Pah-rah-dah kool-too-roh-reh eesht-eh nyuh pehr-voy-eh eh jahl-leh dheh eh n'jyur-shmeh.)

966. I look forward to the annual family reunion.
 Pres me padurim ribashkimin vjetor të familjes.
 (Pres meh pah-doo-reem ree-bahsh-kee-meen vye-tor teh fah-mee-lyehs.)

967. The fireworks display at the carnival was spectacular.
 Shfaqja e fishekzjarrëve në karnaval ishte spektakolare.
 (Shfah-kyah eh feesh-ek-zjah-rrehv neh kar-nah-val eesht-eh spek-tah-koh-lah-reh.)

968. It's always a blast at the neighborhood block party.
 Është gjithmonë shumë e këndshme në festën e bllokut të lagjes.
 (Esh-teh gjith-moh-neh shoo-meh eh kuhnd-shmeh neh fes-ten eh bllo-koot teh lah-jees.)

969. Attending the local cultural fair is a tradition.
Të marrësh pjesë në panairin lokal kulturor është traditë.
(Teh mah-rresh peh-suh neh pah-nah-eerin loh-kahl kool-too-ror esh-teh trah-dee-teh.)

970. I'm thrilled to be part of the community celebration.
Jam i emocionuar që të jem pjesë e festimeve të komunitetit.
(Yahm ee eh-moh-tsee-oh-nu-ar cheh teh yem peh-suh eh fehs-tee-meh-vuh teh koh-moo-nee-teet.)

971. The music and dancing at the wedding were fantastic.
Muzika dhe vallezimi në dasmë ishin fantastikë.
(Moo-zee-kah dheh vah-leh-zee-mee neh dahs-muh ish-een fahn-tah-stee-kuh.)

972. Let's join the festivities at the holiday parade.
Le të bashkohemi me festimet në paradën e festave.
(Leh teh bahsh-koh-heh-mee meh fehs-tee-met neh pah-rah-dehn eh fehs-tah-veh.)

973. The cultural exchange event was enlightening.
Ngjarja e shkëmbimit kulturor ishte e mrekullueshme.
(Ngyar-yah eh shkem-bee-meet kool-too-ror ish-teh eh mreh-kool-loo-esh-meh.)

974. The food at the international festival was delicious.
Ushqimi në festivalin ndërkombëtar ishte shumë i shijshëm.
(Oosh-kee-mee neh fehs-tee-ah-leen ndehr-kom-bay-tar ish-teh shoo-meh ee shee-ysh-ehm.)

> **Idiomatic Expression:** "Si miu me qese."
> Meaning: "To be very sneaky or cunning."
> (Literal translation: "Like a mouse with a bag.")

975. I had a great time at the costume party.
Kalova shumë mirë në festën e kostumeve.
(Kah-loh-vah shoo-meh mee-ruh neh fehs-tehn eh koh-stoo-meh-veh.)

976. Let's toast to a memorable evening!
Gëzuar për një mbrëmje të paharrueshme!
(Guh-zoo-ar pehr nyuh mbre-mjeh teh pah-har-roo-esh-meh!)

977. The concert was a musical extravaganza.
Koncerti ishte një spektakël muzikor.
(Kohn-tser-tee ish-teh nyuh spehk-tah-kul moo-zee-kor.)

978. I'm looking forward to the art exhibition.
Po pres me padurim ekspozitën e artit.
(Poh prehs meh pah-doo-reem eks-poh-zee-tehn eh ah-reet.)

979. The theater performance was outstanding.
Performanca teatrale ishte e shkëlqyer.
(Pehr-for-mahn-tsah teh-ah-trah-leh ish-teh eh shkull-chyehr.)

980. We should participate in the charity fundraiser.
Duhet të marrim pjesë në mbledhjen bamirëse.
(Doo-het teh mah-rreem peh-suh neh mbledh-jen bah-mee-reh-seh.)

981. The sports tournament was thrilling to watch.
Turneu sportiv ishte emocionues për tu parë.
(Toor-neh-oo spohr-teeve ish-teh eh-moh-tsee-oh-noo-es pehr too pah-reh.)

982. Let's embrace the local customs and traditions.
Le të përqafojmë zakonet dhe traditat lokale.
(Leh teh pehr-cha-foy-muh zah-koh-net dheh trah-dee-taht loh-kah-leh.)

Giving and Receiving Gifts

983. I hope you like this gift I got for you.
Shpresoj të të pëlqejë kjo dhuratë që të kam blerë.
(Shpreh-soy tuh tuh pel-qeh kjo dhoo-rah-tuh cheh tuh kahm bleh-reh.)

984. Thank you for the thoughtful present!
Faleminderit për dhuratën e menduar!
(Fah-leh-meen-deh-rit pehr dhoo-rah-tën eh men-doo-ar!)

985. It's a token of my appreciation.
Është një shenjë mirënjohjeje nga unë.
(Esht-uh nyuh sheh-nyuh mee-ren-yoh-yeh nga oo-neh.)

986. Here's a little something to brighten your day.
Ja diçka e vogël për të ndriçuar ditën tënde.
(Yah di-chka eh vo-gël pehr tuh ndree-choo-ar dee-ten ten-deh.)

987. I brought you a souvenir from my trip.
Të kam sjellë një suvenir nga udhëtimi im.
(Tuh kahm syeh-leh nyuh soo-veh-neer ngah oo-dheh-tee-mee eem.)

988. This gift is for you on your special day.
Kjo dhuratë është për ty në ditën tënde të veçantë.
(Kjo dhoo-rah-tuh esht-uh pehr tee në dee-ten ten-deh tuh ve-chan-tuh.)

989. I got this with you in mind.
E kam blerë këtë duke menduar për ty.
(Eh kahm bleh-reh keh-tuh doo-keh men-doo-ar pehr tee.)

990. You shouldn't have, but I love it!
Nuk duhej të bëje këtë, por e dua shumë!
(Nook doo-hej tuh beh-yeh keh-tuh, por eh doo-ah shoo-muh!)

991. It's a small gesture of my gratitude.
Është një gjest i vogël i mirënjohjes sime.
(Esht-uh nyuh zhest ee vo-gël ee mee-ren-yoh-yes see-meh.)

992. I wanted to give you a little surprise.
Doja të të bëja një surprizë të vogël.
(Doh-jah tuh tuh beh-yah nyuh soo-pree-zuh tuh vo-gël.)

993. I hope this gift brings you joy.
Shpresoj që kjo dhuratë të të sjellë gëzim.
(Shpreh-soy cheh kjo dhoo-rah-tuh tuh tuh syeh-leh geh-zim.)

994. It's a symbol of our friendship.
Është një simbol i miqësisë sonë.
(Esht-uh nyuh seem-bol ee mee-që-si-uh soh-nuh.)

995. This is just a token of my love.
Kjo është thjesht një shenjë e dashurisë sime.
(Kjo esht-uh thyehsht nyuh sheh-nyuh eh dah-shoo-ree-see see-meh.)

996. I knew you'd appreciate this.
E dija që do ta vlerësoje këtë.
(Eh dee-yah cheh doh tah vleh-rë-soy keh-tuh.)

997. I wanted to spoil you a bit.
Doja të të përkëdhelja pak.
(Doh-jah tuh tuh puh-rkeh-dheh-lyah pahk.)

998. This gift is for your hard work.
Kjo dhuratë është për punën tënde të vështirë.
(Kjo dhoo-rah-tuh esht-uh pehr poo-nen ten-deh tuh veh-shtee-reh.)

999. I hope you find this useful.
Shpresoj të ta gjesh këtë të dobishme.
(Shpreh-soy tuh tah gehsh keh-tuh tuh doh-beesh-meh.)

1000. It's a sign of my affection.
Është një shenjë e përkujdesjes sime.
(Esht-uh nyuh sheh-nyuh eh puh-rkooj-dehs-yes see-meh.)

1001. I brought you a little memento.
Të kam sjellë një kujtesë të vogël.
(Tuh kahm syeh-leh nyuh koo-yteh-seh tuh vo-gël.)

> "Gjërat e mëdha fillojnë nga veprime të vogla."
> **"Great things start from small actions."**
> *This encourages starting with small, manageable steps when working towards significant achievements.*

Interactive Challenge: Special Occasions
(Link each English word with their corresponding meaning in Albanian)

1) Celebration   Traditë

2) Gift   Dhuratë

3) Party   Gëzuar

4) Anniversary   Festim

5) Congratulations   Pushime

6) Wedding   Beftë

7) Birthday   Përshëndetje

8) Graduation   Dasëm

9) Holiday   Përvjetor

10) Ceremony   Urime

11) Tradition   Festë

12) Festive   Ditëlindje

13) Greeting   Ceremoni

14) Toast   Festiv

15) Surprise   Diplomim

Correct Answers:

1. Celebration - Festim
2. Gift - Dhuratë
3. Party - Festë
4. Anniversary - Përvjetor
5. Congratulations - Urime
6. Wedding - Dasëm
7. Birthday - Ditëlindje
8. Graduation - Diplomim
9. Holiday - Pushime
10. Ceremony - Ceremoni
11. Tradition - Traditë
12. Festive - Festiv
13. Greeting - Përshëndetje
14. Toast - Gëzuar
15. Surprise - Beftë

CONCLUSION

Congratulations on reaching the final chapter of "The Ultimate Albanian Phrase Book." As you prepare to delve into the rich tapestry of Albania's culture, from the rugged beauty of its mountains to the serene beaches along its coastline, your dedication to mastering Albanian is both commendable and inspiring.

This phrase book has been your steadfast companion, offering key phrases and expressions to facilitate your communication with ease. You've navigated through the basics of polite greetings like "Përshëndetje" and "Mirëmëngjesi" to more complex expressions that prepare you for a variety of encounters, ensuring immersive experiences and a deeper connection with Albania's storied past and vibrant present.

Embarking on the journey to language proficiency is both a rewarding and transformative endeavor. Your efforts have established a solid foundation for achieving fluency in Albanian. Remember, language is more than a means of communication; it's a bridge to understanding the soul and ethos of a people.

If "The Ultimate Albanian Phrase Book" has been a part of your language learning journey, I'd be thrilled to hear from you! Connect with me on Instagram: **@adriangruszka**. Share your stories, seek advice, or simply drop a "Përshëndetje!" I'd be overjoyed if you mention this book on social media and tag me – I'm eager to celebrate your strides in mastering Albanian.

For more resources, deeper insights, and updates, please visit **www.adriangee.com**. There, you'll discover a treasure trove of information, including recommended courses and a community of fellow language learners ready to support your continued exploration.

Learning a new language not only opens doors to new relationships but also broadens your perspective. Your enthusiasm for absorbing and adapting is your most valuable asset on this linguistic journey. Embrace every chance to practice, engage, and enrich your understanding of Albanian culture and traditions.

Paç fat! (Good luck!) Keep practicing with dedication, refining your abilities, and most importantly, enjoying every moment of your Albanian language journey.

Faleminderit shumë! (Thank you very much!) for choosing this phrase book. May your future explorations be enriched with meaningful exchanges and discoveries as you dive deeper into the fascinating world of languages!

- *Adrian Gee*

Printed in Dunstable, United Kingdom